Conflitos

Dados Internacionais de Catalogação na Publicação (CIP)
(Câmara Brasileira do Livro, SP, Brasil)

Grün, Anselm
  Conflitos : como suportar e resolver situações difíceis / Anselm Grün ; tradução de Carla Koch – Petrópolis, RJ : Vozes, 2016.
  Título original : Konflikte bewältigen : Schwierige Situationen aushalten und lösen

  3ª reimpressão, 2024.

  ISBN 978-85-326-5249-2

  1. Relações interpessoais 2. Solução de conflitos 3. Vida espiritual I. Título.

16-02754   CDD-253.2

Índices para catálogo sistemático:
1. Solução de conflitos : Vida espiritual : Cristianismo   253.2

ANSELM GRÜN

Conflitos
Como suportar e resolver situações difíceis

Tradução de Carla Koch

EDITORA VOZES

Petrópolis

© 2013, Kreuz Verlag, parte da Verlag Herder GmbH.
Freiburg im Breisgau
Anselm Grün

Tradução do original em alemão intitulado
Konflikte bewältigen – Schwierige Situationen aushalten und lösen

Direitos de publicação em língua portuguesa – Brasil:
2016, Editora Vozes Ltda.
Rua Frei Luís, 100
25689-900 Petrópolis, RJ
www.vozes.com.br
Brasil

Todos os direitos reservados. Nenhuma parte desta obra poderá ser reproduzida ou transmitida por qualquer forma e/ou quaisquer meios (eletrônico ou mecânico, incluindo fotocópia e gravação) ou arquivada em qualquer sistema ou banco de dados sem permissão escrita da editora.

CONSELHO EDITORIAL

Diretor
Volney J. Berkenbrock

Editores
Aline dos Santos Carneiro
Edrian Josué Pasini
Marilac Loraine Oleniki
Welder Lancieri Marchini

Conselheiros
Elói Dionísio Piva
Francisco Morás
Gilberto Gonçalves Garcia
Ludovico Garmus
Teobaldo Heidemann

Secretário executivo
Leonardo A.R.T. dos Santos

Editoração: Maria da Conceição B. de Sousa
Diagramação: Sheilandre Desenv. Gráfico
Capa: Sandra Bretz
Ilustração de capa: ©Blake Richard Verdoorn | unsplash.com

ISBN 978-85-326-5249-2 (Brasil)
ISBN 978-3-451-61241-1 (Alemanha)

Este livro foi composto e impresso pela Editora Vozes Ltda.

Sumário

Introdução, 7

1 Formas cotidianas de negação – Ou sete estratégias para se reprimir um conflito, 11

2 Sinal de vivacidade – Ou o significado dos conflitos a partir do olhar psicológico, 18

3 Uma antiga tradição no enfrentamento de conflitos – Ou o impulso beneditino, 22

4 Caim e Abel – Ou a consequência destrutiva da inveja e da violência, 30

5 José e seus irmãos – Ou o poder destrutivo do ciúme, 36

6 Moisés e o povo – Ou o insolúvel conflito de papéis, 42

7 Abraão e Ló – Ou a convivência marcada pelo conflito, 55

8 Davi e Saul – Ou conflitos de rivalidade, 60

9 Pedro e Paulo – Ou o conflito entre diferentes caráteres, 66

10 Jesus e o enfrentamento de conflitos – Ou como os conflitos podem ser solucionados da melhor forma possível, 75

11 Soluções criativas para os conflitos – Ou como podemos lidar com as tensões, imbuídos do Espírito de Jesus, 87

12 Rituais de reconciliação, 115

Conclusão, 123

Referências, 125

Introdução

Não há como viver livre de conflitos. Todos nós vivemos conflitos durante nosso desenvolvimento pessoal: crises, situações tensas e difíceis, situações que cada um de nós tem que enfrentar sozinho, ou mesmo resolver em conjunto. Conflitos acontecem em todas as relações. O fato de haver diferentes valores, objetivos ou interesses divergentes entre pessoas ou grupos não significa, de modo algum, que aquela é uma relação ruim. Os conflitos e desentendimentos podem, ao contrário disso, indicar justamente que essas pessoas se interessam umas pelas outras, que se preocupam umas com as outras. De modo que eles podem ser justamente a expressão de uma relação cheia de vida. É justamente o fato de as pessoas quererem conviver umas com as outras que as torna capazes de brigar, suportar conflitos e resolvê-los. Se elas não o fizessem, isso sim seria um sinal de falta de interesse e indiferença perante o outro. Existem certos idealistas que acreditam não haver quaisquer conflitos entre pessoas que compartilham os mesmos valores, que em princípio têm uma mesma orientação política ou religiosa. Isso, no entanto, é uma ilusão. É justamente em uma comunidade vívida que sempre acontecem os conflitos. Eles têm a missão de promover a união e estimular novos desenvolvimentos, assim como tornar mais claras as relações.

Conversando com as pessoas, volta e meia ouço-as falar de sua dificuldade em lidar com conflitos. A palavra conflito lhes parece ameaçadora. Muitas vezes, um conflito as faz lembrar de uma situação em que havia muita briga em família. E acontece, então, que a discussão que ocorre na atualidade desperta nessas pessoas o medo de que elas possam vir a perder o chão. Outros não lidam bem com conflitos, pois em sua família nunca se discutiu abertamente; ao invés disso, procurou-se sempre harmonizar tudo. Os conflitos roubam a energia dessas pessoas. Elas preferiam não ter de admiti-los. Mas não é possível negarmos os conflitos. Se isso acontece, "algum órgão, alguma função corporal, seja o estômago, o coração ou a circulação sanguínea, terá de expiá-los e suportar a tensão" (WACHINGER, p. 28).

A palavra "conflito" provém do latim *confligere* (colidir, trombar). Quando pessoas se chocam umas contra as outras, isso gera energia, de modo que os conflitos são sempre um sinal de que há forças em jogo. E a ideia não é que eles nos paralisem nessa força. Mais do que isso, por meio da colisão, seria possível gerar uma nova energia. Daí a importância de não julgarmos os desentendimentos precipitadamente; ou seja, não procurarmos logo algum culpado pelo conflito. Devemos, isso sim, observar o conflito sobriamente e nos perguntar: Qual potencial energético quer ser liberado por ele? Quais as oportunidades contidas nele? O conflito dá evidências de que as soluções tomadas até então não satisfazem todos os envolvidos.

Às vezes os conflitos surgem por ocasião de acontecimentos inesperados, não previstos anteriormente, quando da resolução de um problema no passado. Às vezes também surgem problemas de relacionamento porque possivelmente foram reprimidas, no trabalho em grupo, as disputas por rivalidade, e elas, no entanto, vêm à tona em algum momento mais tarde, bloqueando a harmonia do convívio. Acontece também, muitas vezes, de as relações se tornarem nebulosas em razão de mágoas pessoais, ou do equilíbrio que imperava dentro de um grupo ser simplesmente quebrado em razão, por exemplo, da chegada de um novo funcionário.

Hoje já há muitos livros que tratam de soluções para conflitos. Todos eles nos dão orientações valiosas de como podemos lidar com os desentendimentos. Eu, no entanto, gostaria, neste livro, de tratar do tema a partir de textos da Bíblia e refletir, a partir daí, a respeito de estratégias para essas soluções. Os conhecimentos da psicologia e da pesquisa em torno dessa questão irão me acompanhar e me ajudar a reconhecer, nos textos bíblicos, os caminhos concretos pelos quais podemos lidar com os conflitos que nos atingem hoje. Com isso, não se pretende oferecer nenhuma panaceia. Afinal, na Bíblia há as duas coisas: exemplos de uma boa solução para um conflito, mas também exemplos nos quais a solução não teve sucesso.

As histórias bíblicas envolvendo conflitos são histórias arquetípicas. Elas não falam apenas do passado. Mais do que isso, são representações de cenas universais, tão presentes hoje quanto naquela época. São como janelas pelas quais olhamos e vemos a beleza da paisagem. Essas representações nos fornecem perspectivas de como podemos ver a realidade. As imagens bíblicas nos mostram as estruturas arquetípicas contidas também nos conflitos da atualidade. Todos os conflitos têm determinados modelos. Nesses textos antigos já é possível nos depararmos com tais modelos. É só uma questão de interpretá-los, tendo em vista a nossa atual realidade. Nesse processo, três âmbitos da vida são especialmente importantes para mim: os conflitos em família e na vida a dois, conflitos no universo do trabalho e conflitos em sociedades e comunidades cristãs.

Mas, antes disso, eu gostaria de discorrer brevemente alguns conhecimentos da psicologia a respeito de conflitos e sobre suas soluções, assim como algumas experiências da tradição beneditina no enfrentamento deles. E antes de descrever as possibilidades na resolução desses conflitos, eu gostaria de voltar a atenção para algumas formas típicas e recorrentes de fuga do enfrentamento do conflito; recorrentes não só nos círculos de cristãos e devotos, mas também em firmas e associações, e mesmo dentro das famílias e casais. Reconhecer os conflitos e se preocupar efetivamente com eles é algo diferente de reprimi-los. Também é diferente de um posicionamento em que se quer evitar um conflito a qualquer custo e, para isso, se possível, nem mesmo se toma conhecimento de sua existência – seguindo-se assim o lema de que aquilo que não deve ser não pode ser. Exemplos desse modo de lidar com os conflitos voltam sempre a ocorrer, e não há como considerar que eles sejam orientados de forma a resolver o problema. Esses modelos serão representados a seguir, breve e tipologicamente.

1
Formas cotidianas de negação
Ou sete estratégias para se reprimir um conflito

A idealização da harmonia e da unidade

Não é apenas nos círculos mais estreitos como a família ou o casal que as pessoas preferem muitas vezes evitar os conflitos a ter de falar abertamente sobre eles. Os motivos para se evitar os conflitos são diversos. É comum que a idealização de harmonia e unidade faça com que as pessoas não tomem conhecimento deles ou simplesmente os reprimam. Quando temos ideais elevados com relação ao nosso grupo, os conflitos vêm colocar esses ideais em questão. Em geral, vivenciamos esses conflitos como algo que não deveria estar acontecendo. Apelamos à nossa boa vontade, seguindo o lema: se nós nos amássemos, não teríamos conflitos. Acontece que tais apelos moralistas não ajudam em nada quando há conflito. Ao invés disso, devemos contar com as diferenças de interesses e com as tensões geradas pelos diferentes modos de ver, e não nos esconder atrás de nossos ideais, sempre empurrando a culpa para o outro. Trata-se simplesmente de voltar os olhos para as desavenças e sempre enxergar nelas uma oportunidade de crescermos juntos, de juntos vislumbrarmos soluções novas, ou de esclarecermos algo que vinha fervilhando por detrás das aparências dentro do grupo, mas que há muito vinha sendo reprimido. Quando um conflito vem à tona não há mais como ignorar essas disputas latentes debaixo da superfície. Precisamos, então, encarar a verdade. Isso nos faz humildes. Mas até mesmo e justamente nos círculos religiosos é comum que as pessoas se esquivem dos conflitos. Os mecanismos que podem ser vistos no exemplo a seguir são perfeitamente transponíveis para os nossos círculos:

Um funcionário se sente injustiçado; sente que os outros têm preferência. Então se dirige ao supervisor da equipe e comunica abertamente sua insatisfação diante desse tratamento desigual. Mas o supervisor nega a existência desse conflito, com o argumento de que isso é apenas fruto da imaginação, que ele trata a todos igualmente. Porém, essa negação apenas torna o conflito com aquele funcionário ainda mais grave. "O funcionário não está contente; ele está numa posição mais frágil, não apenas por estar diante do chefe – é possível que ele estivesse em posição inferior também por sua retórica – e não conseguiu lhe dizer exatamente o que sentia. Agora, além de não ter seu problema solucionado, soma-se a revolta por ter 'perdido' na negociação. Para esse funcionário, o conflito persiste" (KELLNER, p. 12).

O que se aplica aos grupos maiores geralmente também se aplica aos menores, à família ou aos casais. Nesses casos, é frequente, por exemplo, o medo do que os outros poderiam dizer caso ocorressem brigas entre os membros da família. Ou os pais têm medo de que as crianças sofram com as suas discussões. E o que acontece é que as crianças, no entanto, também acabam sentindo a própria questão mal-resolvida, o problema não expurgado. Outras pessoas têm medo de que o conflito as afaste umas das outras. Elas preferem viver sob a aparência da harmonia a ter de enfrentar os difíceis conflitos. E há os que têm medo de enfrentar a própria verdade, de admitir para si mesmo que o casamento não é assim tão ideal quanto supunham. A pessoa precisa, em sã consciência, da ideia do casamento ideal para se manter nele. Se ela admitisse as desavenças, teria medo de que esse ideal sustentado até ali desmoronasse feito um castelo de cartas.

Negar a existência de conflitos por amor a um valor supostamente alto dado a uma união, é algo que acontece, sobretudo, em grupos mais fechados e em comunidades marcadas por ideais elevados. Os conflitos contradizem o ideal exibido por aquela comunidade, de modo que, especialmente nas comunidades religiosas, há grande dificuldade em enfrentar abertamente as desavenças. Um exemplo: Digamos que haja uma conferência de bispos, a qual está o tempo todo empenhada em passar para a opinião pública a impressão da unidade das igrejas. Ela gostaria de falar numa só voz. Mas qualquer um que tenha algum conhecimento sobre a mentalidade de cada um dos bispos sabe que também ali as opiniões são divergentes e quão duras discussões são travadas naquele ambiente, geralmente por trás das aparências e nos bastidores. E, em geral, os conflitos não são verdadeiramente solucionados. Depois da conferência, todos se sentem obrigados a falar "em uma só voz". É preciso causar publicamente a impressão de que todos, por unanimidade e imbuídos do Espírito de Jesus, pensam a mesma coisa. O que, no entanto, acaba se mostrando inverossímil. Seria mais sincero expor os conflitos abertamente e não agir como se ao final da conferência todas as questões já estivessem solucionadas. O bispo emérito Franz Kamphaus teve a coragem de se opor à instrução de Roma sobre uma questão em torno da orientação à mulher grávida, porque ele não podia conciliá-la com o que dizia a sua própria consciência. Ao final, no entanto, ele teve de se curvar às ordens de Roma. Mas, com sua atitude, ele deixou claro que não concordava com aquela instrução. Mesmo quando teve de ceder, não abriu mão de sua opinião diferente. Sua credibilidade não diminuiu por ele ter exposto aquele conflito.

Negar ou esquivar-se

Não é raro acontecer de adotarmos método de negação dos conflitos para nos esquivarmos do trabalho de lidar com eles. Às vezes, as pessoas envolvidas simplesmente negam em absoluto que exista qualquer conflito. Uma mulher vem, por exemplo, ao centro de orientação aos casais, sofrendo muito porque não consegue mais dar conta dos conflitos no casamento. O marido, no entanto, nega haver qualquer conflito. Segundo ele, tudo vai muito bem. Os filhos não causam grandes problemas, a renda familiar está garantida, ele é bem-sucedido em sua profissão; em resumo: ele não vê problema algum. Mas o conflito está justamente no fato de que o marido não admite qualquer conflito e não percebe como a mulher se sente no casamento.

Esse tipo de estratégia, em que as pessoas simplesmente abafam os conflitos existentes, pode ser observado não apenas nos contextos familiares, mas também dentro das empresas. As pessoas muitas vezes não têm de fato a coragem de falar nos conflitos ou abordá-los, por medo de que um vulcão possa entrar em erupção. Falar no conflito poderia deixar que tudo se agravasse ainda mais. Em particular, entre as pessoas, fala-se a respeito das divergências de opinião entre os diretores executivos, entre os membros da presidência, mas não se resolve o conflito. E toda a empresa passa a sofrer sob aquela situação do conflito não resolvido, fazendo que, com isso, cresça a tendência de divisão na empresa. Por vezes acontece até um agravamento daquele conflito que não foi resolvido. E assim, os conflitos que não são solucionados ameaçam levar toda uma empresa à ruína.

As instituições da Igreja, não menos do que os agentes seculares, estão expostas não só à tentação de adotar estratégias para evitar conflitos, como também às suas problemáticas consequências. Muitas congregações, por exemplo, não desenvolveram qualquer estratégia apropriada para se lidar com conflitos na comunidade. Algumas tomam o caminho da discórdia mínima: cada um pode fazer o que quiser. Outras procuram solucionar os problemas por meio de determinações autoritárias. Acontece que, sob a superfície, os conflitos em geral continuam cada vez piores. Já aconteceu de uma comunidade ruir em razão de um conflito não solucionado. Seus membros não encontravam mais uma linguagem comum capaz de abordar as diferenças. E assim, cada um se refugiou em sua própria interpretação da vida religiosa. Alguns se esquivaram dos conflitos e engajaram-se isoladamente em projetos pessoais, que lhes eram mais importantes do que a comunidade. O fato de que comunidades e grupos podem ruir assumindo um comportamento como esse é evidenciado pela história.

Deixar passar ou varrer para debaixo do tapete

A forma como os conflitos são evitados é bastante semelhante em todas as áreas. Outra estratégia comum consiste em disfarçar os conflitos. As pessoas, nesse caso, acreditam que algum dia já terá crescido bastante mato sobre o problema; é só uma questão de ignorá-lo por tempo suficiente, sem dizer nada. Tudo se resolverá, então, por si só. Faz parte desse disfarce a mentalidade do "deixar passar". O ex-chanceler alemão Helmut Kohl era acusado de adotar essa estratégia de evitar conflitos. Havia conflitos que ele simplesmente deixava passar até que a imprensa e seus funcionários já não se interessassem mais por eles. Nem sempre essa estratégia tinha sucesso: ao final de seu governo, muitos dos conflitos que haviam sido ignorados reapareceram.

Outra estratégia é varrer para debaixo do tapete. Ou seja: a pessoa percebe perfeitamente a sujeira. Sabe que há muita imundice; mas ela não consegue colocar essa sujeira para fora e jogá-la no lixo. O que essa pessoa faz é varrer a sujeira para debaixo do tapete, de modo que esta não possa mais ser vista. Mas a sujeira permanece dentro de casa, e algum dia ela será notada. Vermes se acumularão com ela debaixo do tapete, e, de repente, toda a atmosfera da casa será influenciada negativamente por aqueles conflitos não resolvidos. Para manter a alegria: aparecerão problemas respiratórios, alergia ao pó ou quaisquer reações alérgicas contra os conflitos varridos para debaixo do tapete. E a pessoa passa a ter que lutar mais contra os sintomas do que propriamente contra aquele conflito ali escondido; ela despende toda sua energia com os sintomas, ao invés de resolver o conflito. Muitas vezes é necessária mais energia para superar essas consequências negativas do que se o conflito tivesse sido enfrentado logo e diretamente.

Passar uma esponja por cima

Outra estratégia poderia ser descrita como a mentalidade de se passar uma esponja por cima quando os interesses controversos não são esclarecidos. Acredita-se ser possível deixar as coisas sem discuti-las e simplesmente varrê-las dali. Faz-se então uma observação superficial dizendo que aquilo tudo não é assim tão grave, ou então, quando se discute um pouco o conflito, vem a imediata reação: "Agora podemos nos suportar outra vez. Vamos dar tudo por resolvido". Acontece que nada está realmente resolvido. As pessoas não querem ver aqueles conflitos, pois os veem como potenciais empecilhos para vida em comum. Mas o resultado é como uma lousa escolar que eu apago apenas superficialmente. Ainda é possível ver o texto que se supõe apagado. E quem não é cego é capaz de ver que nada ali foi resolvido. Reaparecem as velhas e mútuas acusações. E mesmo uma nova limpeza já não poderia apagá-las. Elas precisam ser trabalhadas. Só então o quadro-negro estará livre para novos dizeres, dizeres construtivos e encorajadores.

Ignorando o conflito por meio da racionalização

Em todas as áreas – nas grandes associações, nas firmas e nas famílias – há pessoas incapazes de lidar com conflitos ou são avessas a eles. Quem observar a biografia dessas pessoas não raro poderá notar que isso tem relação, na maioria das vezes, com a respectiva experiência paterna. Se o meu pai, por exemplo, não me deu o devido apoio moral em minha infância, quando adulto terei dificuldades em lidar com os conflitos em minha vida. Vou preferir me esquivar das situações tensas. Nesse sentido, uma estratégia para se passar por cima de conflitos é a racionalização. Isso significa: eu encontro razões suficientes para deixar claro que não há conflito algum. Trata-se de um mal-entendido ou de uma lacuna na comunicação. Com a racionalização eu minimizo o conflito ou até mesmo não admito conflito algum. Em geral os argumentos racionais soam muito plausíveis, mas, na verdade, estão impregnados de medo. Tem-se o medo de admitir o conflito, pois ele despertaria velhas emoções, e seria desagradável ter de encará-las e lidar com elas. E é por isso que a pessoa precisa de tantos argumentos "racionais" para negar o conflito ou minimizá-lo, por meio de mil e uma explicações.

O veto dos ofendidos

Outra maneira de se evitar o conflito é a reação emocional do ofendido; afinal de contas, conflitos são sempre emocionais. Mas se eu me ofendo no momento em que o conflito é colocado em pauta, eu declaro, por assim dizer, o meu veto, para não ter mais de falar no assunto. Eu me encontro, nesse caso, tão emocionalmente abalado, ofendido, magoado, que naquele momento não sou capaz de continuar a conversa, e castigo a outra pessoa, negando-lhe a comunicação. Ou então eu coloco a minha indignação de ofendido no centro da conversa, de modo que o conflito em si passa para um segundo plano. Nós não conseguimos falar sobre o assunto, pois agora se trata do meu sentimento de ofendido. Agindo assim, eu evito falar no conflito e resolvê-lo. Com a minha reação, com a minha indignação de ofendido, eu acabo exercendo poder sobre a situação. Nego-me a qualquer pronunciamento a respeito da problemática ali subjacente, e deixo também os outros sem reação, impedindo a comunicação. O verdadeiro conflito vira um tabu e é deslocado para uma esfera pessoal.

Harmonização e acordo

Pessoas avessas aos conflitos são em geral harmonizadoras. Elas têm uma grande necessidade de harmonia. Tão logo surge um conflito, apavoram-se, pois o conflito lhes faz perder o chão. Por isso elas sentem a necessidade de harmonizar. Agem como se tudo estivesse sempre em harmonia e tratam de apaziguar as partes do conflito, de modo que elas voltem a se entender, afirmando que não há nada grave em todo o ocorrido. Acontece que harmonizadores não solucionam coisa alguma. Eles não aceitam o lado positivo da agressividade, negam a desavença ou estendem sobre ela um véu de piedade. Mas as palavras piedosas não ajudam a solucionar o conflito, e assim ele continua a supurar sem ser solucionado e paralisa um grupo inteiro. Os outros já não se atrevem a abordar os problemas. As pessoas entram num acordo de uma "paz suspeita". Na verdade, elas só vivem ainda umas com as outras porque fazem de tudo para evitar todos os pontos de atrito que perturbariam a harmonia. Mas sem atrito não há geração de calor, e sem calor, o grupo vai se tornando cada vez mais frio.

2
Sinal de vivacidade
Ou o significado dos conflitos a partir do olhar psicológico

Conflitos podem ser definidos de várias maneiras. É possível descrevê-los a partir de um olhar puramente externo, mostrando através de que dinâmicas no acordo ou desacordo entre pessoas e grupos os conflitos têm início, através de quais diferenças objetivas ou quais problemas de relacionamentos. A autora Hedwig Kellner oferece uma definição simples: "Um conflito surge quando existe um esforço por se alcançar pelo menos duas coisas conflitantes, ou se ao menos duas partes almejam a mesma coisa e, nesse sentido, são concorrentes entre si" (KELLNER, p. 13). Outra definição para conflito tem como foco a pessoa individualmente e sua relação com os outros, e descreve os papéis e/ou as experiências daqueles que fazem parte do conflito, e/ou mostra até que ponto cada uma dessas pessoas se sente atingida negativamente por um conflito ou uma discussão.

Uma psicologia de orientação filosófica explora mais profundamente essa descrição e interpretação. Ela busca um acesso mais intrínseco aos conflitos e os entende como uma constante da vida humana. O teólogo e psiquiatra francês Marc Oraison, por exemplo, acredita que os conflitos são sinais de energia de vida. Nascer já significa entrar em conflito. A criança se desenvolve por meio dos diferentes conflitos com que ela se depara durante a sua criação: o conflito do desmame, o conflito da fase da manhã, o conflito da puberdade. A vida é, desde o início, transformação e desenvolvimento.

Um desenvolvimento interno não acontece sem conflitos. O ser humano está sempre em conflito entre seus sentimentos mais íntimos e o seu superego, que é a voz que ele leva dentro de si e, por sua vez, é governado a partir dos padrões estabelecidos pelos seus pais.

Mas a pessoa acaba sempre entrando em conflito também com o seu meio ambiente. Inicialmente, esse meio é a própria família. Nela, os jovens se deparam com o conflito entre a própria vontade e a vontade dos pais, os quais lhes fazem proibições e lhes impõem limites, contra os quais os jovens querem, então, se rebelar. Mas depois há também os conflitos no local de trabalho, os conflitos dentro do grupo no qual as pessoas crescem em conjunto. E há os conflitos entre diferentes grupos, entre partidos com interesses divergentes, entre as diferentes correntes dentro de uma mesma organização, uma empresa, uma paróquia. Tais conflitos entre diferentes grupos também são inevitáveis, e são, "em certo sentido, expressão da própria vida. Eles precisam, assim como os conflitos entre as pessoas, transformar-se na oportunidade para toda e qualquer comunidade transcender sobre si mesma, e aceitar a própria relatividade a partir do olhar sobre o outro grupo" (ORAISON, p. 74s.). Os conflitos geram uma tensão frutífera que tem como objetivo nos conduzir a um novo desenvolvimento. Todo conflito acaba expondo as certezas com as quais gostamos de nos iludir. O conflito nos coloca em questão e pretende por a verdade diante de nossos olhos; de modo que todo conflito pode se transformar em enriquecimento.

É evidente que há conflitos que podem paralisar um grupo, um país. E há conflitos nos quais reagimos com demasiada violência. Nesses casos, não se trata mais de solucionar um conflito, mas sim de deixar que se manifestem outros conflitos que estavam escondidos e que vieram à tona em razão de algum ocorrido relativamente inofensivo. O mesmo vale, no entanto, para o contrário: quando se quer evitar todo e qualquer conflito, acabam surgindo, sob o véu de uma suposta tranquilidade e segurança, conflitos muito mais violentos. Na psicologia fala-se de conflitos latentes. Em público, os membros de um grupo se dão muito bem, são amigáveis e educados mutuamente; mas é possível sentir a tensão e a agressividade que há por trás das aparências. Essas pessoas não querem deixar que os conflitos venham à tona, pois elas têm medo de que isso acabe gerando uma grande explosão. Acontece que os membros estão enfurecidos uns com os outros, e o conflito acobertado acaba roubando muita energia do grupo. Outro modo de negar ou acobertar conflitos consiste em adiá-los: "Conflitos adiados não rebentam no lugar de sua origem, mas sim em algum lugar bem diferente. O mais conhecido exemplo é a velha história do chefe que briga em casa com sua esposa, desconta sua raiva no funcionário, o qual, por sua vez vai descarregá-lo à noite, em sua esposa" (KELLNER, p. 17).

A ausência de conflitos estaria mais para um sinal de doença. E negar a existência de conflitos seria como negar a si mesmo. Afinal, essencialmente, o ser humano é um ser de conflitos, e a negação de todo e qualquer conflito atrapalharia o seu desenvolvimento pessoal. Evitar ou negar conflitos tem sempre algo a ver com o medo. Os conflitos servem para nos levar à ampliação de nossa própria consciência. Se nós os refutamos, se permanecemos parados, deixamos – na expressão de Marc Oraison (p. 95) – de viver. Uma maneira de negar um conflito consiste em insistir obstinadamente em uma opinião e não permitir que ninguém toque na questão. A consequência disso é que a outra parte envolvida se sentirá absolutamente anulada. Aquele que insiste em seu posicionamento inflexível está no fundo se defendendo "contra um conflito interno e subconsciente, um conflito que ele carrega consigo e que está sob a ameaça de ser despertado por uma situação externa qualquer" (ORAISON, 96). Como as pessoas têm medo de ser, elas mesmas, colocadas em questão, negam o conflito com as outras pessoas. Mas aquele que acha que seria possível, desse modo, viver em perfeita harmonia com o meio, "ilude-se, pois fecha os olhos à sua própria verdade interior" (p. 97). Ele não percebe, em absoluto, a sua própria pessoa; identifica-se com uma imagem que o separa de seu verdadeiro *eu*. Quando falamos com pessoas assim, ficamos com a impressão de não termos acesso a elas. Não há possibilidade de se estabelecer o encontro. Há também as que se afastam das pessoas de seu meio; elas vivem como estranhas em seu próprio ambiente. Nada consegue tocá-las verdadeiramente. Mas isso é sinal de um sério distúrbio psíquico. Elas vivem em seu próprio mundo e não tomam o menor conhecimento de que tipo de conflitos germinam em torno delas.

O psicólogo suíço C.G. Jung analisa, em primeiro lugar, o conflito ao qual cada indivíduo se sente exposto dentro de si mesmo. Também para ele, o conflito é parte da essência humana, pois o ser humano é, por natureza, composto de contradições. Ele sempre encontra dentro de si os dois polos: amor e agressividade, mente e corpo, razão e sentimento. Jung acredita que a ética cristã conduz ao choque de obrigações e, com isso, a conflitos insolúveis. No entanto, seriam justamente esses conflitos insolúveis que teriam de ser suportados. Seria desse modo que a pessoa chegaria mais perto de Deus. Nesse contexto, é importante a análise que a psicologia profunda faz sobre a cruz que, para C.G. Jung, é expressão arquetípica da contradição. É através dela que o ser humano se abre para Deus. A cruz significa: suportarei o conflito de minha contradição e, justamente desse modo, chegarei a um plano mais elevado, o plano divino. "É justamente no conflito mais extremo e ameaçador que o cristão experimenta a libertação que o conduz à divindade, desde que não sucumba a isso, mas assuma o peso de ser um escolhido" (JUNG, p. 448). O conflito é, portanto, para Jung, parte essencial do ser humano. A pessoa que suporta o conflito de suas contradições internas tem parte na cruz de Jesus Cristo, e vivencia, justamente por esse caminho, através de Cristo, a salvação, a plenitude. Jung analisa sobretudo a pessoa, o indivíduo, mas também deixa claro que esse lado íntimo do indivíduo atua sobre a realidade da sociedade. Nos conflitos entre as pessoas e dentro dos grupos, os conflitos internos do ser humano tornam-se manifestos. Pelo fato de não suportarmos os próprios conflitos, nós os projetamos para fora, e então lutamos contra a opinião oposta dos outros. Deveríamos, no entanto, vê-la como espelho para nossas próprias contradições internas. Enquanto projetamos externamente nosso polo contraditório, não há solução para o conflito. Só quando reconhecemos a nós mesmos na posição contrária assumida por outra pessoa ou outro grupo – a nós e a nossas contradições internas –, é que encontramos caminhos para a reconciliação. A reconciliação com nossa própria contradição interna também leva a uma solução do conflito externo.

3
Uma antiga tradição no enfrentamento de conflitos
Ou o impulso beneditino

Experiências históricas

Se os conflitos fazem parte da vida humana, então pode ser útil um olhar sobre a história. Escolho para isso a tradição beneditina. Afinal, os mosteiros beneditinos desenvolveram uma tradição de séculos na solução de conflitos. Há 1.500 anos, comunidades convivem bem, graças às regras de São Bento. Algumas dessas comunidades se desfizeram no decorrer da história, não raro pelo fato de não terem solucionado seus conflitos. Mas apesar disso, ainda hoje existem comunidades vivendo conforme essas regras. E alguns mosteiros na Itália, na Suíça ou na França existem há mais de mil anos. Não foi só na época conturbada em que São Bento redigiu essas regras – uma época ainda determinada pelos tumultos da migração dos povos – que os mosteiros foram habitados por pessoas de caráteres bastante divergentes, e certamente nem sempre tratava-se apenas de pessoas de caráter fácil. E mesmo hoje, vivem nesses mosteiros pessoas de diferentes idades, diferentes origens, diferentes referências biográficas ou espirituais. De modo que as comunidades beneditinas têm grande experiência na solução de conflitos, pois uma comunidade que reprime seus conflitos não pode sobreviver por muito tempo. Essa experiência pode ser útil também para nós hoje, tanto para as comunidades religiosas como também para as famílias e as empresas. Pois os conflitos nas comunidades beneditinas não envolvem apenas a boa convivência, mas também o trabalho e as questões econômicas do mosteiro.

Sem idealizações

São Bento abre mão de fixar ideais muito elevados para a comunidade porque eles geralmente levam as pessoas a negarem a existência de conflitos, e estes colocam o ideal em questão. Fiquei sabendo que em uma "casa de meditação", seu diretor anunciava em seus prospectos uma elevada espiritualidade, mas que, na verdade, a equipe era marcada por profundas tensões e dividida por conflitos. Quando um grupo enche demais a boca para falar de si, corre sempre o risco de estar sufocando seus conflitos. São Bento fala, de forma bastante modesta e concreta, sobre o modo como a comunidade deve conviver internamente e como ela pode lidar com seus conflitos. Ele é realista e conta com o fato de que entre seus monges frequentemente há conflitos. Mesmo que os monges ingressem no mosteiro por motivos espirituais e dediquem sua vida a Deus, ainda assim não estão imunes aos sentimentos e interesses humanos. Por essa razão, São Bento dá ao abade a incumbência de rezar em voz alta o Pai-nosso ao término do Ofício de Laudes e do Ofício de Vésperas, "para que todos o possam ouvir; pois sempre existem aborrecimentos que ferem como espinhos" (RB 13,12).

O perdão recíproco

A lembrança do pedido de perdão no Pai-nosso deve lembrar os irmãos de que eles devem se perdoar uns aos outros. Desse modo, o Pai-nosso, rezado em voz alta, torna-se um ritual de purificação para a comunidade. São Bento incumbe o abade de se preocupar sobretudo com os irmãos que são fracos e se desencontram. "Que ele seja consciente de que deve assumir a preocupação pelas pessoas frágeis, e não a tirania sobre os saudáveis" (RB 27,6). Ele não deve se deixar abalar quando há conflitos na comunidade. Mais do que isso, ele deve se preocupar com aqueles que acabam entrando em conflito com a comunidade e se sentem isolados.

São Bento coloca Jesus Cristo como o Bom Pastor diante dos olhos do abade. Assim como Jesus, ele deve ir atrás da ovelha perdida. A preocupação que deve ter o abade pelos excluídos se torna clara no capítulo 27. Ele diz: "Por isso, como um sábio médico, ele deve usar de todos os meios, e enviar *simpectas*, ou seja, os irmãos sábios e anciãos. E estes devem então consolar o irmão volúvel em particular, e movê-lo à humildade e a expiação, para que não seja absorvido por demasiada tristeza" (RB 27,2).

Conquistar o outro

No conflito com um irmão, o importante é conquistá-lo, consolá-lo e, desse modo, encorajá-lo a reconsiderar o seu posicionamento e reverter o caso. De modo algum o conflito deve levar o irmão à tristeza ou à depressão, pois a energia depressiva irá com o tempo bloquear a convivência. São Bento finaliza o capítulo com a imagem do bom pastor: o abade "imitará o bom pastor com seu exemplo de amor: noventa e nove ovelhas ele deixou para trás na montanha e saiu à procura de uma única que se desgarrara. Tamanha era a sua compaixão por sua fraqueza, que a tomou em seus sagrados ombros e assim a trouxe de volta ao rebanho" (RB 27,8).

Um poder de purificação

Repetidas vezes São Bento se refere ao fato de irmãos acabarem se envolvendo em brigas, de sofrerem injustiça por parte de algum outro. Ele não idealiza a sua comunidade, ele a vê de um modo realista. Mas, ao mesmo tempo, ele indica caminhos que os irmãos devem seguir no enfrentamento de conflitos. Nas chamadas "ferramentas da arte espiritual", São Bento incita seus monges: "Numa briga com alguém, façam as pazes ainda antes do sol se pôr" (RB 4,73). Ou seja, os irmãos de fato se envolvem em brigas, mas eles não devem passar a noite com essa questão malresolvida. Caso contrário, ela se consolida na alma. É preciso fazer as pazes com o outro, ao menos internamente, mesmo que a reconciliação na prática ainda não seja possível. Quando se leva um aborrecimento para uma noite de sono – assim já sabia o monge-psicólogo do século IV, Evagrius Ponticus, em quem São Bento se baseia – esse aborrecimento corrói a alma. A pessoa tem sonhos intranquilos e, na manhã seguinte, acorda deprimida. Por isso, é importante que à noite, num ritual, a pessoa se liberte de toda raiva e todo desejo de vingança que os conflitos possam ter provocado nela. E São Bento faz referência ao Sermão da Montanha, quando diz: "Não retribuir o mal com o mal. Não cometer injustiça, suportar pacientemente o que se sofre, isso sim. Amar os inimigos. Aqueles que nos amaldiçoam, não amaldiçoamos; muito mais do que isso, os abençoamos" (RB 4,29-32).

No capítulo 7, sobre a humildade, São Bento descreve como os conflitos externos podem despertar o monge para Deus. Eles são uma chance espiritual para se aprender a humildade e se abrir para o amor e a misericórdia divinos. Assim, no caso de conflitos, São Bento lembra o monge das palavras do Sl 66,10: "Ó, Deus, Tu nos provaste e nos purificaste no fogo, como no fogo se purifica a prata. Deixaste que caíssemos na rede, puseste-nos pesados fardos nas costas" (RB 7,40). O conflito pode, portanto, purificar-nos, expurgar-nos de nossas tendências egoístas, para que o que importe para nós não seja nós mesmos ou aquilo que podemos, mas sim e unicamente Deus.

Não existe fuga por devoção

Uma coisa nós já vimos: nos círculos cristãos sempre existe o perigo de que os conflitos sejam acobertados. O que dizem é: Nós cristãos nos amamos, não brigamos uns com os outros. Com isso, no entanto, o que acontece é que os conflitos, que existem em qualquer comunidade cristã, são simplesmente ignorados, e não se percebe o quanto se exerce de poder com uma exigência moral como essa. Pois o que é transmitido àquelas pessoas que têm uma opinião diferente é que elas estariam infringindo o princípio do espírito cristão de amor ao próximo. O que se deseja é harmonizar tudo e oprimir, desse modo, qualquer opinião contrária. São Bento é muito mais realista nesse ponto. Ele mostra que conhece perfeitamente o ideal da comunidade, do modo como ele foi vivido na Igreja primitiva, quando escreve na conclusão de suas regras: "Eles devem se antecipar uns aos outros em respeito mútuo; suas fraquezas físicas e de caráter devem ser suportadas com inesgotável paciência; devem competir um com o outro em obediência mútua; nenhum atente para o seu próprio bem, mas sim para o bem do outro; devem, desinteressadamente, dar um ao outro provas do amor fraterno" (RB 72,4-8). Contudo, São Bento sabe muito bem que, de fato, esse ideal deve ser almejado no contexto de uma comunidade imperfeita, mas que, na verdade, ele nunca será alcançado. Os monges devem reconhecer, com toda humildade, que são parte de uma comunidade frágil, que necessita, a todo momento, do auxílio do amor divino e da disposição para enxergar e solucionar os conflitos diários de forma inteligente e através do Espírito de Jesus Cristo. Humildade enquanto *humilitas* é a coragem de descer ao solo e reconhecer as profundezas de sua própria condição humana e a fragilidade da comunidade. Só quem é humilde tem um chão sob seus pés. Ele tem os pés firmes na terra. E essa humildade não faz bem apenas à comunidade monástica, mas também à família e à empresa; pois também as empresas correm o risco de fixar ideais por demais elevados, como se fossem eles os melhores e os mais bem-sucedidos, os líderes de mercado e assim por diante. Mas com belas palavras como essas, os chefes das empresas escondem geralmente o quanto acontecem de disputas sobre o solo da realidade de suas firmas. O que se faz é nadar na superfície, mas ninguém se arrisca a olhar para os sedimentos que cada vez mais claramente se acumulam no solo e manchan aquela imagem ideal clara e pura que se fez da empresa.

Justamente nos círculos espiritualizados acontece a fuga pela espiritualidade, pela oração ou pela meditação. Em princípio, é bom que se ore quando se vive uma situação de conflito, e que, em oração, se entregue a situação nas mãos de Deus. A oração é uma ajuda para se enxergar mais claramente o conflito e conseguir certo distanciamento em relação às próprias emoções. Significa também meu reconhecimento de que eu, sozinho, com argumentos racionais, não sou capaz de solucionar o conflito, e que também é necessária a ajuda de Deus. "Mas a oração não pode se transformar em anestésico. Também não pode servir de cômoda compensação, quando seria nosso dever intervir ativamente no conflito e mudar as coisas" (KELLNER, p. 61).

Certamente também é bom meditar em caso de conflitos. Na meditação, eu alcanço distanciamento ante o problema e minhas emoções, mas ela também pode se transformar em fuga. Certa vez uma mulher me contou: "Sempre que tenho algum conflito com meu marido, ele desce ao porão, para sua sala de meditação, e lá medita. Só isso já me enfurece. Com isso ele está me dizendo: o problema está absolutamente em você. Eu estou em paz. Resolvo tudo na meditação". Se ele a irrita com seu comportamento ou sua argumentação devotada, é porque ela sente que seu marido se esconde por trás de sua fachada espiritual, que ele não deixa que isso o atinja. Ele desvia do conflito, colocando-se acima dele. Seu marido lhe passa esta mensagem: eu sou o devoto, você é que é muito sensível. Se você trabalhasse melhor a sua parte, não teríamos problemas. A esposa se sente injustiçada por esse comportamento, e ela tem razão. São Bento não admitiria fugas devotadas como essas. Os monges devem aprender uns com os outros. Uma vez admitindo-se reciprocamente a parte que lhes toca, eles são confrontados com sua própria verdade.

A fuga devotada não existe apenas isoladamente, por parte do indivíduo, mas também por parte de uma comunidade inteira. A comunidade age como se não vivesse conflito algum. Sufoca todos os seus conflitos justamente por meio dos ideais elevados aos quais ela se submete. Por vezes chega a estar quase entorpecida por esse ideal que faz de si. Mas quando uma comunidade pensa de forma muito idealizada a respeito de si mesma, acaba encobrindo suas sombras. E se a luz está colocada assim tão radiante no centro de tudo, certamente ela também faz muitas sombras. Nesse caso, uma atitude mais humilde seria admitir suas sombras desde o início. Uma madre superiora costumava apregoar que a sua comunidade era uma casa de amor, não só entre suas irmãs no convento, mas também em toda a comunidade externa a ele. De fato, é um ideal belo e elevado, mas um funcionário desse convento disse certa vez: "Desde que tornamos uma casa de amor, o ambiente entre nós é cada vez mais frio". Quando se estabelecem ideais elevados demais, as sombras tornam-se ainda mais espessas. Quando uma congregação enaltece a si mesma terá de se deparar com frequência com conflitos perfeitamente humanos, mesmo dentro de si mesma. Portanto, é bom não encher demais a boca ao falar de si.

Os cinco pré-requisitos para um bom clima na solução de conflitos

Ao aplicar as regras de São Bento na solução de conflitos, tarefa da qual estamos hoje incumbidos, eu gostaria de mencionar cinco pré-requisitos. Naturalmente, os pré-requisitos não servem apenas à comunidade para a qual São Bento fez suas regras. Eles nos indicam com que estado de espírito devemos abordar o conflito e no qual uma solução torna-se possível; tanto nas relações entre pessoas como em grandes grupos.

A **primeira condição** consiste em não fazermos juízo do conflito. Não podemos perguntar: Quem tem razão? Quem não tem razão? Muito mais do que isso, o importante é encarar o conflito com toda sobriedade. Eu não posso vê-lo como uma ofensa pessoal. Se eu me acercar do problema numa atitude de reprovação, como se ele na verdade não pudesse estar acontecendo, não vou conseguir solucioná-lo, mas sim e somente fortalecê-lo. De modo que é importante aceitá-lo com humildade e enxergar nele um desafio.

A **segunda condição** para que eu possa solucionar um conflito consiste em que eu conceda a cada um dos participantes o direito de pensar como ele pensa, de defender sua opinião no conflito e lutar pelos seus interesses. Não posso me acercar de um conflito achando que toda pessoa sensata precisaria pensar como eu. Encarar o conflito sem qualquer juízo de valor não é tarefa fácil. Em geral, temos o sentimento de que nós estamos do lado certo e precisaríamos apenas convencer o outro da evidência de nossa posição.

A **terceira condição** para que um conflito possa gerar algo de positivo é escutar com atenção aquilo que o outro tem a dizer. Esconde-se por trás de sua opinião algum sonho não vivido? Ele está decepcionado com a congregação, ou com ele mesmo, pelo fato de os outros não viverem o mesmo sonho que ele? Ou o conflito se deve a alguma outra coisa e seria, por exemplo, um protesto contra o modo como ele se sente tratado. Ou o conflito se deve ainda a outros problemas que o perturbam? Estariam escondidos ali os problemas com a sua família, com o seu entorno? Ou se escondem ali conflitos pessoais? Pois é comum que conflitos pessoais sejam projetados externamente em outras coisas. E mesmo enquanto ouço o outro, não avalio, mas, ao invés disso, procuro apenas entender o que o inquieta.

Uma **quarta condição** para a solução de um conflito consiste em sempre indagarmos ao outro como ele vê a sua própria posição, como ele a explica e que consequências ele vê em seu posicionamento. Desse modo, eu mostro à outra pessoa que eu a levo a sério e, ao mesmo tempo, eu a levo a explicar mais claramente a sua posição. As perguntas que eu lhe faço não servem para acuá-la, mas sim para encorajá-la a esclarecer melhor para si mesma a sua posição.

A **quinta condição** que me parece importante para que a solução de um conflito tenha sucesso é esta: eu também me coloco em questão. O meu posicionamento é realmente objetivo ou interferem nos meus desejos também sonhos não vividos, carências sufocadas, conflitos reprimidos em minha alma? Por quais razões o conflito se dá no meu caso? Onde eu quero chegar com isso? O que me importa é a solução do conflito ou a afirmação do meu poder? Eu questiono, portanto, as minhas motivações, para que se torne mais claro para mim mesmo o que verdadeiramente eu busco nesse conflito. A meu ver, o que tem maior importância é o sonho não vivido que se esconde por trás do conflito. Eu entrei em conflito com a congregação porque ela não vive o meu sonho de uma congregação ideal. Eu entrei em conflito com outra pessoa porque sinto que ela me põe em confronto com os meus próprios sonhos não vividos. Ela se permite viver aquilo que eu não me permiti ou aquilo que eu continuo desejando e, no entanto, nunca me concedi esse direito. Quando encaro o conflito dessa maneira, não o avalio negativamente. Eu busco, isso sim, ouvir a minha verdade interna e indagar-me a respeito de meus próprios sonhos de vida. O conflito me mostra que eu vivo muito pouco o meu sonho de vida. Mas não se trata aqui de impor o meu sonho à outra pessoa, e sim de, por meio do conflito, entrar em contato com o meu próprio sonho. E então eu posso refletir a respeito do modo como eu, pessoalmente, posso realizar o meu sonho, de forma que ele seja uma bênção, para mim e para o outro.

4
Caim e Abel
Ou a consequência destrutiva da inveja e da violência

Uma malsucedida solução do conflito

O primeiro conflito entre duas pessoas que nos é retratado pela Bíblia é o conflito entre os irmãos Caim e Abel. Caim é lavrador, Abel é pastor. Ambos oferecem em oblação ao Senhor; o primeiro, dos frutos; o outro, do rebanho de ovelhas. A Bíblia conta como Deus, de um modo muito humano, olhou com agrado para Abel e sua oblação, mas não para Caim e sua oblação. Pensamos ser uma arbitrariedade por parte de Deus. Mas poderia significar também que Caim fez comparação de sua oblação com a de seu irmão e a considerou inferior. De qualquer modo, foi a inveja a razão desse conflito. Caim tem inveja de seu irmão Abel, que, ao que lhe parece, teve um destino mais feliz. Deus adverte Caim de que ele precisa voltar os olhos para Ele e não se deixar levar por esse seu olhar irascível. Pois por trás da ira se esconde o demônio dos pecados. Mas Caim não volta seus olhos para Deus. Ele só tem olhos para o seu fracasso e sua má sorte, para a sua própria inferioridade. E, cheio de ódio, mata seu irmão Abel. O conflito é solucionado com violência, à custa do mais fraco. Abel tem de morrer, mas Caim não ganha nada com sua vitória, que se converte em derrota. Ele mesmo diz que sua culpa é grande demais: "Tornar-me-ei um peregrino errante sobre a Terra, o primeiro que me encontrar matar-me-á" (Gn 4,14). Na malsucedida solução do conflito já está o castigo de Caim: ele nunca mais será feliz. Sentimentos de culpa o atormentarão por toda a sua vida. Mas Deus atenua as consequências naturais dessa solução de conflito malsucedida. E faz um sinal na testa de Caim para que ninguém o mate. Caim se fixa, então, em terras distantes, bem longe da presença de Deus. Permanece sozinho com sua culpa. Mas pode, apesar disso, continuar a viver.

Todos são perdedores

Aqui reconhecemos duas condições básicas para o fracasso no enfrentamento do conflito: a inveja e a violência. Caim e Abel representam a típica inveja entre irmãos. É frequente a briga entre irmãos – não enquanto crianças, mas já adultos; sobretudo quando o assunto passa a ser a herança. E, ao final, o assunto já não é mais o dinheiro, mas sim quem era o queridinho do papai e o queridinho da mamãe. Conflitos como esses podem muitas vezes ser conduzidos amargamente. Os irmãos deixam de falar um com o outro. Muitas vezes, conflitos como esses dividem uma família inteira. Mas também há conflitos vividos com muita violência; não necessariamente com violência corporal, mas muita violência espiritual. Ou, ainda, um dos irmãos passa a se corresponder com o irmão ou com a irmã apenas por meio de advogados. E, através do advogado, um tenta vencer o outro. Às vezes isso é capaz de levar um deles à ruína, pois o que lhe exigem financeiramente ultrapassa suas condições. Porém, mesmo entre irmãos, não há, ao final, vencedor algum; apenas há perdedores. Quando a família se dissolve, todos sofrem com isso. Sentem que foram cortadas as raízes que lhes são comuns e que os sustentavam. Vive-se apenas como que pela metade. A dor dessa perda reaparece então a todo momento, sobretudo quando eles veem como as outras famílias se mantêm unidas e como os irmãos se apoiam uns aos outros e são alicerces um do outro depois da morte dos pais. E quando a pessoa envelhece, tem-se a impressão: eu não tenho ninguém que cuide de mim; não posso confiar ou me apoiar em ninguém. Então sofro sempre que me lembro daquele conflito solucionado de modo tão violento no passado – pelo rompimento –, e isso me rouba a alegria de viver.

A inveja também é o motivo de muitos conflitos no universo do trabalho. Quando tenho inveja da pessoa com quem estou em conflito, não consigo lhe falar objetivamente. Todas as conversas serão conduzidas pelas lentes do meu ciúme. Esse sentimento tapa os meus ouvidos; eu não escuto os outros verdadeiramente. A única coisa que sinto é a minha inveja. E ela me consome; ela impede que eu enxergue qualquer solução verdadeira. Mais da metade de todos os conflitos em empresas são decorrentes da inveja. Os funcionários do setor de produção invejam, por exemplo, os do setor de pesquisa, que têm um trabalho confortável, ou os do setor de *marketing*, que não têm de sujar as mãos. Quando o pessoal de *marketing* deseja alguma coisa da produção, o pedido não é atendido. Dizem que não é viável. Mas na verdade esconde-se por trás disso a inveja, que sufoca nas pessoas qualquer disposição de se reunirem com grupos rivais para buscar uma melhor solução para todos. Não se deseja verdadeiramente uma solução; o que se quer é viver a própria inveja que se tem.

A própria inveja é o que leva também à segunda condição para o fracasso: a violência. Se eu impuser minha força e deixar que tudo não passe de um jogo de poder, então ao final haverá apenas vencedores e perdedores. Mas o exemplo de Caim e Abel mostra que em uma constelação como essa não há verdadeiramente vencedor algum. Um olhar externo pode até entender que Caim é o vencedor: ele permanece vivo, enquanto seu irmão Abel está morto. Mas, na verdade, há apenas perdedores. Abel perde sua vida, e Caim perde sua tranquilidade e sua autoestima. Se eu soluciono um conflito meramente pelo poder, o que restará após isso serão apenas perdedores. Pois ainda que pela violência eu me imponha, não estarei feliz com essa solução; serei corroído por sentimentos de culpa. Não alcançarei verdadeiramente a paz, como também não conseguirei desfrutar da solução. Esta será muito mais a causa de tensões constantes. Pois, analisando psicologicamente, ninguém quer ser sempre o perdedor. Aquele que perde quer de algum modo mobilizar outra vez suas forças para uma revanche. Podemos observar isso na história dos povos. Assim, por exemplo, França e Alemanha tiveram-se por muito tempo como "arqui-inimigas", até que após a Segunda Guerra Mundial deram-se conta de coisa melhor. E assim acontece, a todo o momento, também nas empresas, quando um grupo se impõe contra o outro. Isso também acontece quando lideranças rivalizam particularmente com colegas e fazem intrigas para derrubar os outros. E todos sempre saem prejudicados com isso, não só porque assim a empresa perde muitos bons funcionários; esse tipo de ação também prejudica até mesmo aqueles que fizeram carreira à custa dos outros, que acabam solitários e sem o apoio de seus funcionários/colegas. A violência que usaram contra os seus rivais dentro da empresa se volta contra eles mesmos. Os funcionários deixam de ser solidários e as lideranças necessitam cada vez mais de energia para lhes impor suas diretrizes.

A começar pela causa

Exemplos para isso existem não apenas nas empresas, mas também no meio eclesiástico. Já na Idade Média a *invidia clericalis* (a inveja entre os clérigos) era proverbial. Eventualmente, um pároco tinha inveja do outro porque a sua missa recebia muito mais fiéis. Ele passava, então, a criar dificuldades para o adversário e espalhar, por exemplo, que este estaria enfraquecendo a fé e atraindo as pessoas para a igreja por métodos desleais. O invejoso sempre tem a necessidade de desvalorizar aquele a quem ele inveja. Mas ele, pessoalmente, não fica feliz por isso. E há também, com frequência, a inveja entre padres e leigos. Há leigos que pregam melhor do que os sacerdotes. O padre, então, passa a se esconder atrás do sacerdócio, colocando-se assim acima dos outros. Alguns deles nem permitem que os leigos façam qualquer pregação, ou deixam para eles as ocasiões menos importantes para poderem fazer o sermão.

Os conflitos decorrentes da inveja são impossíveis de se resolver quando não se começa pelas causas. O pároco que é invejado por outro pároco, a mulher que é invejada pelo pastor por saber pregar melhor do que ele... nenhum deles têm a menor chance de desfazer a inveja que acomete o outro. Portanto, eles não devem se diminuir apenas para que o outro fique satisfeito, pois assim estariam prejudicando a si mesmos e à comunidade. O conflito só pode ser solucionado quando o invejoso abandonar a sua inveja. Ele deve olhar para a sua inveja e admitir dolorosamente: eu sofro quando o outro tem mais êxito, quando o outro sabe explicar melhor a doutrina, quando o outro é mais amado do que eu. Eu preciso chorar aquilo que eu não tenho. E então, através da dor, alcançarei a essência de minha alma, e na essência da minha alma, alcançarei a paz comigo mesmo. É assim que eu percebo a mim mesmo. E então deixa de ser tão importante o como o outro é ou deixa de ser. Quando me dou conta da minha própria dignidade, sou capaz de dignificar o outro e as suas capacidades; se eu reconheço o meu valor, sou capaz de reconhecer também o valor do outro. Não sinto a necessidade de depreciá-lo a todo instante. Só quando a raiz do conflito – a inveja – é trabalhada é que o conflito pode ser solucionado. Na maioria das vezes, depois disso não há mais conflito algum. Pois, olhando objetivamente, o fato de na paróquia vizinha virem mais fiéis à missa não é um conflito. Simplesmente se constata isso e se respeita o outro com alegria, com sua maneira de celebrar a missa e pregar.

Mas o que eu faço se o outro não abre mão da sua inveja? Então não me resta outra coisa senão deixar que ele fique com esse sentimento. De modo algum eu devo me desculpar ou me diminuir a todo instante, pois ainda assim o outro não se veria livre de sua inveja. E eu estaria prejudicando a mim mesmo, dobrando-me a essa condição, e não conseguiria viver aquilo que está em mim. Preciso tomar alguma distância do outro, internamente. Dói perceber que mesmo eu fazendo tudo com boa vontade, há quem tenha inveja de mim, mas eu deixo que o outro fique com sua inveja e continuo vivendo aquilo que está em mim. Não quero provocar o outro, não quero atrair a sua inveja, mas também não posso me esconder. O primeiro caminho é um certo distanciamento. O segundo caminho seria reconhecer no outro aquilo que ele tem de bom. Talvez ele apenas precise de atenção e reconhecimento. Mas pode acontecer de ele não aceitar em absoluto o meu reconhecimento. Nesse caso, eu o deixo como ele é, sem que eu mesmo tenha de me dobrar.

Outro exemplo, agora do interior de uma empresa. Certa vez uma mulher me contou sobre uma situação no seu trabalho. Ela vinha sofrendo pelo fato de a colega estar com inveja dela. Os clientes preferem se dirigir a ela, pois é mais amigável no lidar com eles. Ao que tudo indica, ela tem carisma e atrai não só os clientes, mas talvez também os próprios colegas. E, então, sua colega fica enciumada. O que ela pode fazer? Não levará a nada se ela recuar completamente e passar a encaminhar todos os clientes e colegas para a sua colega. Pois isso a faria terrivelmente infeliz – e ela também não estaria ajudando sua colega. É claro que ela não deve provocá-la ou tratá-la com superioridade, mas também não pode se fazer invisível para que a colega não tenha mais como sentir inveja. A colega tem que aprender a lidar com seus próprios limites. Eu tenho de reconhecer, livre de inveja, que algumas pessoas são mais comunicativas do que eu, mais bem-sucedidas. Se por pura inveja eu me disponho a brigar com aquele que eu invejo, vou perder sempre. Minha inveja nunca se dará por satisfeita, e eu prejudico não só a mim mesmo, mas também ao outro e a toda a empresa, que é paralisada por essa inveja.

5
José e seus irmãos
Ou o poder destrutivo do ciúme

Também na história de José a causa do conflito entre ele e seus irmãos foi a inveja. Mas aqui a inveja se dá mais na forma de ciúme. E o ciúme conduz ao ódio daquele que provocou o ciúme: "Seus irmãos, vendo que seu pai o preferia [José] a eles, conceberam ódio contra ele e não podiam mais tratá-lo com bons modos" (Gn 34,7). E quando José, na sua inocência, lhes contou dois sonhos nos quais os irmãos se prostravam diante dele, a reação deles foi a inveja: "Seus irmãos ficaram, pois, com inveja dele" (Gn 37,11). Esses três sentimentos – a inveja, o ódio e o ciúme – levaram os irmãos a terem a ideia de matarem José. Quando o pai deles envia José aos seus irmãos, para ver como estava a pastagem do rebanho, eles veem isso como uma boa oportunidade para assassinar o irmão. No entanto, dois dos irmãos voltam atrás, desistindo do plano. Um quer salvar José – Rubem, o filho mais velho – e o outro não quer sujar sua mão de sangue – Judá. Ele convence os irmãos a vender José como escravo. Desse modo o negócio renderia aos irmãos até mesmo algum dinheiro.

Transformação nas duas partes do conflito

O paradoxo nessa história está no fato de que Rubem e Judá, uma vez tendo salvado José, acabam salvando a si mesmos de morrer de fome posteriormente. Deus transforma a injustiça antes praticada pelos irmãos, fazendo dela uma bênção para eles. Mas Deus não age sem as pessoas; Ele desperta em José o sentimento da reconciliação. Esta, por sua vez, não pode se dar antes que seja reconhecido o próprio erro. José não quer se vingar. O Espírito de Deus lhe deu a capacidade de perdoar a seus irmãos, mas ele os põe à prova. É preciso que eles se libertem de sua inveja e de sua ira. José repete diante dos irmãos aquilo que acontecera com ele anteriormente. Benjamim, o filho mais novo, é o preferido de Jacó, assim como fora antes José. Agora, porém, eles não querem mais se ver livres do filho querido de seu pai. Ao contrário, eles se solidarizam com ele. Aprenderam com os próprios erros cometidos contra José. Dessa vez, o próprio Judá intervém a favor de Benjamim. Por amor ao seu irmão Benjamim, ele se oferece a José como escravo. Quando José vê que seus irmãos realmente aprenderam a ponto de intervirem pelo irmão, não pode mais se conter. Começa a chorar e, aos prantos, diz: "Eu sou José, vosso irmão; sou aquele que vendestes para o Egito! – Mas agora não vos entristeçais, nem tenhais remorsos por terdes me vendido para ser conduzido até aqui. Foi para vos conservar a vida que Deus me enviou adiante de vós" (Gn 45,4s.). O estudioso do Antigo Testamento Adrian Schenker pensa a respeito desse caminho de reconciliação: "Os irmãos não teriam entendido e aceitado o perdão de José se ainda estivessem tomados por aquele ódio de outrora. Eles teriam se submetido ao seu irmão, naquele momento superior a eles, apenas nas aparências, enquanto que em suas mentes sombrias teriam ficado à espreita do melhor momento em que pudessem realizar o segundo e definitivo ataque contra José" (SCHENKER, p. 37s.). Uma vez que José submete seus irmãos à prova, eles mesmos acabam se libertando do ódio e da inveja e podem, assim, se entregar de todo o coração à reconciliação oferecida por José. É preciso que haja transformação em ambas as partes envolvidas do conflito. A José, o mais fraco – o qual Deus tornou por fim um vencedor – não são permitidos sentimentos de vingança. Se ele confia em Deus em sua derrota, também pode vivenciar através de Deus a transformação em sua vida. E o Espírito de Deus o torna capaz de perdoar a seus irmãos e também de despertar neles o espírito da reconciliação.

Conflitos são oportunidades

Analisando hoje, é possível ver o conflito entre José e seus irmãos como uma grande oportunidade para o povo de Israel, que não morreu de fome quando esta ali assolava; antes, pôde se prover de alimentos no Egito. Depois, Jacó com os seus filhos foram para o Egito. Lá, o povo ganhou força e, nesse crescimento, desenvolveu a sua identidade nacional. E José, o subordinado, recebeu uma importante colocação. Tornou-se o representante do Faraó e passou a regulamentar as relações econômicas no Egito. Deveríamos ter em todos os conflitos essa esperança de que Deus faz com que deles resultem bênçãos, que, ao final, todos ganham com o conflito e o seu enfrentamento, descobrindo novas possibilidades para si e para o seu grupo.

A constelação dos conflitos familiares

O conflito entre José e seus irmãos tinha suas raízes mais profundas no conflito já existente entre seus irmãos e seu pai. Eles não tinham apenas inveja de José. Estavam enfurecidos com o pai pelo fato de este dar preferência ao filho mais novo e – assim eles enxergavam – mimá-lo, enquanto que eles tinham de fazer o trabalho pesado. É possível perceber essa estrutura de conflito em alguns conflitos familiares. Nesses casos, a agressividade dos irmãos perante o filho mais novo ou a filha mais nova é no fundo vingança voltada contra o pai ou a mãe. Não se quer atingir apenas a irmã ou o irmão com a agressividade, mas sim o pai ou a mãe. Maltrata-se a irmã, mas tem-se a mãe em vista. O conflito então só pode ser dissolvido quando os irmãos – assim como os irmãos de José – sentirem compaixão pelo pai ou pela mãe. Se o pai ou a mãe amaram tanto o filho mais moço ou a filha mais moça, é porque eles extravasaram as suas próprias carências não atendidas. Para os irmãos, isso é doloroso. Mas quando eles enxergarem que o comportamento deles provém dessa carência dos pais, o conflito poderá ser atenuado; eles perceberão que os pais têm no seu filho mais novo a projeção dos seus sonhos não vividos, e assim serão capazes de se solidarizar com a carência dos pais. Deixarão para trás a imagem ideal que faziam deles e passarão a vê-los como realmente são: carentes, sozinhos e ansiosos por amor, pelo amor que eles não conseguem dedicar suficientemente um ao outro e, assim, esperam obter o amor de um de seus filhos.

É comum nas famílias que os conflitos existentes entre pais e filhos só venham a se manifestar depois da morte dos pais, entre os irmãos. É o caso da irmã mais velha que sempre teve que cuidar dos mais novos. Tão logo os pais se vão, ela passa a lidar com eles com uma aspereza que os magoa. Os irmãos até se assustam com o modo ríspido com que são tratados, criticados, julgados, esconjurados pela irmã mais velha. Ao que tudo indica, esse modo duro de tratar os irmãos se dá por vingança, pelo fato de ela ter se sentido negligenciada e sobrecarregada na infância com a responsabilidade pelos irmãos. Além disso, a impressão que ela sempre teve foi a de que os pais só eram severos com ela, a mais velha, enquanto que, com os irmãos mais novos, eram sempre muito mais amenos. Toda a raiva contida, acumulada pelo ciúme que ela sentia dos seus irmãos, então é expressada por seu comportamento intransigente. E isso também a faz infeliz, pois ela se isola dos outros e se sente, mesmo após a morte dos pais, novamente sendo tratada injustamente. Na verdade, ela mesma provoca que os outros a rejeitem e se afastem dela. Nesse caso, o conflito não pode ser solucionado unicamente entre os irmãos. A irmã mais velha precisaria primeiramente solucionar o seu próprio conflito, para então poder melhorar a sua relação com os irmãos.

A constelação dos conflitos nas empresas

Também podemos reconhecer a constelação mostrada na história de José nos conflitos dentro das empresas. Por exemplo, quando um funcionário não é suportado por alguém porque ele se dá muito bem com o chefe ou este lhe dá preferência. E então a pessoa passa a deixar esse funcionário na mão, nega-se a lhe passar informações importantes, a fim de que ele se complique, cometendo algum erro. Na verdade, essa pessoa está em disputa contra o próprio chefe, apenas através desse funcionário. O que se quer é descontar no chefe o fato de ele dar preferência ao outro. Muitas vezes esses conflitos são difíceis de solucionar porque, de imediato, identifica-se apenas o conflito entre os dois colegas em questão. Acontece que, na verdade, o chefe está estreitamente envolvido nele. Entretanto, na maioria das vezes, não se tem conhecimento sobre isso. É preciso que, antes de tudo, esteja claro qual é exatamente o alvo das agressões. Depois, então, será possível lidar com o conflito de forma apropriada. Um modo pertinente seria transmitir ao chefe o fato de que se está sofrendo pelo modo como ele dá preferência àquele ou a outro funcionário. Ou então expor claramente diante dele o seu próprio desejo de reconhecimento. Em geral, essa preferência se dá mesmo de forma inconsciente, ou pelo menos o chefe não a admite. E quando lhe "estendemos o espelho" e revelamos essa preferência, ele pode refletir sobre o seu comportamento e corrigi-lo. E assim o conflito com o funcionário perde sua força.

Certa vez recebi um grupo de gerentes vindos de uma grande empresa, na qual cada um deles supervisionava alguns funcionários. Em uma avaliação feita junto a esses funcionários, os supervisores haviam recebido notas muito baixas, mesmo tendo se esforçado muito para gerenciar bem os seus funcionários. Eles não conseguiam entender o motivo da má avaliação e ficaram absolutamente inseguros. Estavam abalados com isso, pois tinham feito todos os esforços. Não sabiam mais como agir com os funcionários; tinham perdido a motivação. Mas mediante um diálogo eles puderam perceber que as notas ruins estavam, na verdade, relacionadas à direção da empresa, e não a eles. Eles eram ali o bode expiatório, aquele para quem se joga a culpa, a qual se encontra realmente em outro lugar: no topo da empresa. Enquanto não houver conhecimento do verdadeiro problema será inútil tentar resolver o conflito.

As constelações nas congregações religiosas

Também nas comunidades religiosas é preciso ver bem onde está o foco do conflito. Trata-se realmente de um conflito entre funcionários ou o que se deseja é, mediante o conflito, atingir o pastor ou a direção da Igreja, com cujas normas não se está de acordo? Uma oradora da pastoral estava tendo problemas na equipe com uma oradora da comunidade. A oradora da comunidade deixava para ela todo o trabalho e se esquivava dos trabalhos que eventualmente surgiam durante uma reunião. Isso levou a oradora da pastoral a ter de assumir cada vez mais tarefas. O padre, avesso a conflitos, não interferia. Ele apenas podia ver como a oradora da comunidade levava sua vida tranquilamente à custa dos outros. O conflito cozinhou por muito tempo, porque ali não estavam envolvidas apenas as duas adversárias, mas também o padre. Ele, no entanto, queria dar razão a todos e se mantinha inteiramente fora do conflito. Ele não percebia como, agindo assim, acabava justamente fazendo parte do conflito. A situação se agravava também em razão da decepção da oradora da pastoral pelo fraco estilo de gerenciamento do padre. Ela se sentia ignorada por ele, que cedia a qualquer queixa da oradora da comunidade. É claro que não se tratava de um conflito apenas entre os três, mas também de conflito pessoal da oradora da pastoral. Ela era engajada no trabalho e queria que tudo corresse bem na comunidade; e assim ia assumindo cada vez mais trabalhos até se desenvolver nela essa agressividade contra a sua colega, que, por sua vez, recuava cada vez mais. A oradora da pastoral carregava dentro de si o conflito entre as diferentes demandas: os próprios desejos, as necessidades da paróquia, e, finalmente, também a necessidade de um bom ambiente de trabalho e de um bom relacionamento com o padre. A sua necessidade de reconhecimento fazia com que ela acabasse sempre cedendo e se sobrecarregando cada vez mais, até que, finalmente, teve um colapso. Aqui também teria sido importante enxergar mais precisamente a constelação do conflito. Ter-se-ia então começado pelos conflitos internos e a partir daí seria possível enxergar melhor o conflito com a colega e com o padre enquanto chefe.

6
Moisés e o povo
Ou o insolúvel conflito de papéis

A troca de papéis como um problema

Muitas vezes os conflitos com os quais nos deparamos, tanto no âmbito pessoal como também no das relações sociais, como família, Igreja ou empresa, são conflitos de papéis. Aqui existem as tensões entre a imagem que eu tenho de mim mesmo e aquela imagem que os outros fazem de mim, entre as minhas expectativas a meu respeito e as expectativas das outras pessoas sobre mim. Aqui se abre uma lacuna entre os papéis que eu desempenho na empresa, o papel desempenhado na família. Papéis oficiais e papéis da minha vida particular não podem corresponder a todas as expectativas de um e de outro. E então o pastor se sente dividido entre seu papel de padre e seu papel de homem comum; no papel de padre ele deve ser o sacerdote perfeito; como homem comum ele se sente confrontado com as suas próprias carências. Ou como o policial, que desempenha seu papel na profissão; porém em casa ele não pode dar continuidade a esse papel, caso contrário sua esposa e seus filhos se revoltariam contra ele. Também os professores têm que deixar o seu papel de professor quando chegam em casa. Os filhos querem um pai ou uma mãe em casa, não a continuação da escola, onde eles são avaliados o tempo todo. Muitos sentem que estão vivendo um conflito de papéis e muitas vezes não sabem qual deles devem desempenhar no momento específico.

A história de Moisés é, analisando bem, a história de um conflito de papéis. Nela, um simples israelita acaba por ter de lidar de repente com o conflito de se colocar à frente de seu povo e levá-lo embora do Egito. Aquele que era um simples membro do povo deve agora se tornar o seu líder. É a designação de Deus que coloca Moisés diante desse conflito de papéis. Moisés é designado por Deus para libertar o seu povo do Egito e conduzi-lo à liberdade. Moisés responde colocando a questão: "Quem sou eu para ir falar ao faraó e levar os israelitas embora do Egito?" (Ex 3,11). Ele não acredita ser capaz de desempenhar o papel do líder. Deus lhe responde com a promessa de que estará a seu lado. E então Moisés pergunta: O que eu devo dizer aos israelitas quando me perguntarem: Qual é o nome do deus que te manda fazer isso? Ao que Deus responde que ele deve dar-lhe o nome Javé: Eu Sou Aquele que É. Mas Moisés ainda não está satisfeito. Se os israelitas não acreditarem nele, o que será? Deus lhe dá então um cajado. Quando este é jogado ao chão, transforma-se em uma serpente; e quando a serpente é pega pelo rabo, ela se transforma outra vez no cajado. Por meio desses encantamentos Moisés deve mostrar que foi designado por Deus. No entanto, Moisés ainda assim não está contente: "Senhor, não sou um homem que sabe falar" (Ex 4,10). Deus então colocou ao lado de Moisés o seu irmão Aarão, que sabia falar melhor do que ele.

Papéis de liderança e conflitos de expectativas

No papel de Moisés cabem aquelas pessoas que de repente são chamadas a dirigir um departamento. Elas se sentem incompetentes. E, acima de tudo, não sabem como devem agir com os colegas a partir daquele momento. Até então, vinham se dando muito bem com eles. Um sempre apoiou o outro. E agora, de repente, um deles deve ser o seu chefe; ele fica inseguro. Sente que isso está além de suas capacidades. Deus não lhe deu, como a Moisés, o poder do encantamento para que assim ele possa gerenciar com competência, mas mostra que está a seu lado. Isso deve lhe bastar. E se ele perceber quaisquer fraquezas, deve então procurar alguém que possa compensá-la. Nem toda liderança tem de ser capaz de todas as coisas. Semelhante ao que sentiu Moisés é o que sente um funcionário mais jovem que é promovido a chefe de seu próprio departamento. Os colegas o tratam de igual para igual. Se de repente ele aparece como chefe, vão lhe dizer: "Agora, de uma hora para outra, você será arrogante conosco". Eles vão querer tirar proveito de sua amizade; sentirão que podem trabalhar como bem quiserem. O chefe não há mesmo de se opor. Afinal, ele é seu "parceiro". E o jovem chefe entra em conflito, pois não quer perder a amizade e se ver sozinho de repente.

De modo semelhante acontece aos filhos e filhas de empresários no momento em que eles passam a dirigir a empresa. Os funcionários mais velhos os conhecem desde que eram crianças, e agora eles passam a ser os chefes desses funcionários. Assim como Moisés, eles devem assumir os seus papéis, e isso sempre significa uma mudança na relação com os funcionários. Eu não sou mais simplesmente um amigo seu, ou o garotinho, ou a doce menina de antigamente. Assumir o papel de liderança é sempre, também, um caminho solitário, e eu tenho de aceitar essa solidão. Caso contrário, não posso liderar. Mas não é fácil para uma liderança se ver de repente isolada de seus funcionários, quando até pouco tempo atrás ainda estava entre eles e se sentia bem naquele grupo.

Conflitos de papéis são geralmente conflitos de expectativas. Muitas vezes as expectativas das lideranças sobre si mesmas são diferentes das expectativas dos seus subordinados. Também Moisés acaba por se ver num conflito de expectativas como esse. As expectativas que o povo deposita em Moisés não são realistas; compara a liderança de Moisés com a liderança dos capatazes, vivida por eles anteriormente. Embora Moisés os conduza à liberdade, o povo sente falta do passado supostamente melhor. No passado amarguraram sob o comando dos capatazes, que os forçavam a trabalhar cada vez mais. Mas agora que o caminho pelo deserto os conduzia à liberdade, eles sentiam falta desse passado agora glorificado; passaram a murmurar a todo instante, queixando-se de Deus e de Moisés. Eles não lhe agradeceram pelo que Moisés fez a eles. Em vez disso, lembraram-se saudosos dos bons e velhos tempos no Egito. Lá tudo era melhor; lá eles tinham o bastante para beber e comer, e passaram a descrever as suas relações no Egito, de modo que chegaram a ficar com água na boca: "Quem nos dará carne para comer? Lembramo-nos dos peixes que comíamos de graça no Egito, os pepinos, os melões, os alhos bravos, as cebolas e os alhos. Agora nossa alma está seca. Não há mais nada, e só vemos maná diante de nossos olhos" (Nm 11,5). Moisés sempre resolve o conflito recorrendo a Deus, e este então lhe mostra um caminho para matar a sede e a fome do povo. Deus dá a Moisés a capacidade de fazer milagres. Quando ele bate o seu cajado contra a pedra, dali começa a brotar água. Deus faz com que o maná desça com o orvalho. E manda também um bando de andorinhas para que o povo possa comer até saciar a sua fome. Mas Moisés não dá conta de aliviar a ganância de muitos que estão no meio daquele povo. Ele se queixa com Deus: "Por que fizeste mal a teu servo, e por que não achei graça aos teus olhos, visto que puseste sobre mim o cargo de todo este povo? Concebi eu porventura todo este povo? Dei-o eu à luz para que me dissesses: leva-o ao teu seio, como a ama leva a criança que mama, à terra que juraste a seus pais?" (Nm 11,11).

O sentido da imposição de limites

Nesse trecho do Livro dos Números, Moisés se compara a uma mãe que carrega seus filhos ao peito. O conflito de Moisés com o seu povo nos faz pensar nos pais que proporcionam tudo aos seus filhos e depois ficam decepcionados porque estes não demonstram gratidão alguma pelo tanto que eles se empenharam; mas, ao invés disso, lhes vêm sempre com novas exigências. Um belo dia acontece de os pais também endurecerem. Eles fizeram tudo pelos seus filhos; no entanto, nunca receberam qualquer palavra de gratidão, e sim sempre e apenas novas reivindicações por dinheiro, apoio, reconhecimento. Nesse caso, o que sentem os pais é semelhante àquilo que sentiu Moisés. Eles deram tudo. No entanto, colheram apenas ingratidão. Em algum momento, tornar-se-ão ríspidos. Eles se sentem explorados pelos filhos. Os judeus reclamam a todo instante por comida e bebida. Os filhos reclamam mais por dinheiro. Querem comprar isso ou aquilo, fazer esta ou aquela viagem que os pais não têm condições de pagar. Fazem sempre novas exigências. Em algum momento, os pais, então, tornam-se agressivos e irritados como Moisés. Eles se perguntam o que teriam feito de errado na educação dos filhos. Ou então não se arriscam a impor limites a eles, por medo de perdê-los de vez. Uma mãe me contou a respeito de seu filho, que a todo momento quer iniciar um novo curso profissionalizante ou uma nova faculdade. Ele, entretanto, estuda muito pouco. Precisa de muito tempo até finalizar os estudos e pede cada vez mais dinheiro. Quando ela lhe diz que não pode mais lhe dar dinheiro, ele passa a ter um acesso de fúria. Para deixá-lo tranquilo, os pais acabam cedendo. Eles, no entanto, se sentem impotentes, tendo sentimentos de culpa: O que fizemos de errado? Nessas situações, orar seria de grande ajuda – não no sentido de que Deus, com uma palavra mágica, deva solucionar o conflito, mas no seguinte sentido: em oração, eu entrego o conflito nas mãos de Deus. Eu entrego também a Ele as minhas dúvidas referentes à minha própria educação. E procuro, então, escutar dentro de mim aquilo que Deus espera que eu faça, o que minha alma deseja em seu âmago. E então eu faço aquilo que sinto no momento da oração. Eu não me deixo mais ser chantageada pelo meu filho. Passo a impor-lhe limites. Estes, por sua vez, colocam às claras também o conflito. O filho, a princípio, não ficará contente com a minha resolução. Mas eu devo confiar que ele vai se conformar com as limitações. Porém, isso será possível apenas se eu estiver segura disso, interna e externamente, e não me deixar levar todas as vezes que ele tiver um surto emocional.

Lidando com a ingratidão

No ambiente empresarial é comum vivermos experiências semelhantes à de Moisés com o seu povo. Os sentimentos de Moisés podem ser bem-compreendidos por alguém que se compromete com sua equipe, proporcionando-lhe melhores condições. No entanto, não sente por ela a menor gratidão; exigindo-lhe e desejando, ao invés disso, sempre mais. Isso pode sugar as forças de um empresário ou de um chefe de seção. Ele tem a impressão de ter feito todo o possível pelo seu pessoal, mas a única coisa que este lhe demonstra é ingratidão. Isso entristece o chefe que sempre está comprometido. O caminho que lhe é mostrado pela Bíblia é este: voltar-se para Deus, com sua aflição e seus sentimentos de frustração. Deus sempre reequilibra a balança; Ele entende que as pessoas lhe são ingratas, que elas não sabem desfrutar de suas boas ações, e que elas, ao contrário disso, estão sempre almejando novos benefícios. Assim, ele pode confiar que a oração a Deus lhe mostrará novos caminhos de como reagir diante da insatisfação de seus funcionários. Ele não terá os poderes milagrosos de Moisés, mas a oração muitas vezes é ocasião em que nós, diante de Deus, conseguimos nos distanciar dos problemas cotidianos. É nela que Deus geralmente nos mostra soluções criativas. Nós deixamos de ferir a nós mesmos remexendo em nossas decepções e em nossa irritação perante os funcionários ingratos. Entregamos a situação nas mãos de Deus, exatamente como ela é, podendo confiar que perante Deus descobriremos caminhos para reagir com os funcionários, sem amargura ou irritação. Nós prosseguimos conduzindo-os pelo mesmo caminho rumo à liberdade, ainda que eles não reconheçam. Não somos dependentes de seu reconhecimento. Caso contrário, precisaríamos nos curvar sempre. Mantemo-nos firmes naquela missão que recebemos de Deus em nosso íntimo, na confiança de que esse caminho nos levará a um bom destino.

O caminho rumo à clareza

A todo o momento Moisés se vê em conflito com o seu povo pelo fato de este fazer constantes comparações do presente com o passado. Conflitos como esse é o que vive o filho do velho empresário que agora trabalha na empresa do pai, empenhado em tirar as contas do vermelho para que a empresa possa continuar existindo. E o modo de os funcionários retribuírem é sempre falar do passado com entusiasmo. Antes, tudo era melhor. Naquela época, o mundo ainda estava em ordem. Preferem não mencionar o fato de que eles estavam à beira da falência. Essa atitude dos funcionários fere o filho do empresário. Ele está se esforçando, mas os seus funcionários querem que tudo continue como era antes. Talvez o filho tenha precisado suspender privilégios de alguns funcionários. E com essa atitude ele não faz amigos. Aqueles que eram favorecidos pelo pai se rebelam contra ele, seja abertamente, ou simplesmente não colaborando e voltando sempre a se referir aos antigos costumes. Então isso deixa de ser um conflito de papéis e passa a ser um conflito entre passado e futuro, entre o deixar tudo como está e o caminho rumo à clareza e, por fim, também à liberdade. Não é fácil solucionar um conflito assim, que é capaz de destruir um empresário ou um chefe de departamento. Estes precisam da confiança que teve Moisés para não interpretarem a veneração que parte dos funcionários mostra ter pelo passado como uma crítica pessoal, mas sim como incapacidade de os funcionários se permitirem tomar parte no que é novo. Eles também precisam da criatividade da oração para superar essa resistência, de modo que os funcionários tenham prazer em seguirem juntos rumo à liberdade.

De modo semelhante acontece com o pároco que se esforça para uma boa participação dentro da nova comunidade, mas ele sempre é comparado com o seu antecessor; dizem que na época de seu antecessor tudo era melhor. É espantoso o quanto as pessoas esquecem as dificuldades do passado e insistem em ver apenas o que havia de positivo. Elas precisam dessa distorção para se defenderem do que é novo. Assim, os israelitas distorciam o passado no Egito porque o caminho para a liberdade era muito trabalhoso para eles. Para o novo gerente, para o pároco, para a coordenadora da catequese, para o dirigente da pastoral, diante dos quais todos viviam enaltecendo os respectivos antecessores, é difícil se integrar nesse tipo de comunidade. Acabam se deparando com o conflito de corresponder a todas as expectativas, ou – como Moisés – de cumprir aquela missão que lhe foi designada por Deus de conduzir a comunidade a uma terra nova. É o conflito entre a minha missão – que eu sinto que existe em mim – e as expectativas e desejos dos outros a meu respeito.

Responsabilidade e uma conduta propositiva

O fascinante em Moisés é que ele não desiste de sua responsabilidade para com seu povo. Mesmo que ele, por tantas vezes, se decepcione; mesmo que às vezes ele se irrite e seja tomado pela raiva, dá conta de sua responsabilidade. Mesmo nas situações onde ele não vê qualquer esperança, clama a Deus. E a Bíblia conta como Deus lhe mostra um caminho e lhe diz o que fazer. A prece tem, portanto, esses dois lados: é a expressão da responsabilidade assumida e ao mesmo tempo expressão de uma conduta na qual eu sei que não posso arcar com tudo sozinho. E isso muda a visão que eu tenho sobre a outra parte do conflito. Isso me ajuda a não vê-los como adversários ou inimigos. Moisés reza pelo seu povo e intervém por ele diante de Deus. Este é um bom caminho em um conflito: eu não rezo para que os outros sejam finalmente razoáveis e compartilhem da mesma opinião que a minha; eu rezo muito mais *pelos* outros. Peço que eles sejam abençoados, para que a bênção de Deus lhes proporcione paz interior e Ele possa atuar sobre eles conforme a sua vontade. Eu não posso usar da oração para que Deus intervenha a meu favor. Muito mais do que isso, em oração, eu me abro para a vontade de Deus. Eu sofro com o conflito, mas deixo que Deus resolva como desejar. Naturalmente, Deus não resolverá o conflito por mim. Mas, ao orar, eu adquiro uma nova visão perante as outras pessoas e posso lidar com o conflito assumindo uma conduta diferente. Então, deixo de lidar simplesmente com pessoas que são minhas adversárias e passo a lidar com pessoas que receberam a bênção de Deus.

Soluções construtivas pela coragem da brandura

A atitude que ajudou Moisés a enfrentar todos os conflitos e rebeliões que seu povo organizava contra ele – e depois finalmente solucioná-los – foi a brandura. Temos em Moisés: "um homem muito brando, mais brando do que qualquer ser humano sobre a terra" (Nm 12,3). A palavra em latim para isso é *mitis* (brando, suave). A brandura tem algo de doce, que suaviza a amargura do conflito. Isso não significa, no entanto, que Moisés se esquivava do conflito, que era um covarde. A palavra alemã *Sanftmut* (mansidão, brandura) significa a coragem (*Mut*) de ser suave (*sanft*). E *sanft* (suave) deriva de *sammeln* (juntar, recolher, reunir)[1]. *Sanftmütig* é, portanto, aquele que tem coragem de reunir tudo o que ele reconhece em si mesmo. Ele não cai na armadilha do tudo ou nada. Ele não exclui dentro de si os seus aspectos desagradáveis e também não os reprime. Se ele os

---

1. *Sanft* seria aquilo que se harmoniza bem em conjunto. Daí a derivação de *sammeln*, juntar [N.T.].

reprimisse, ele os projetaria nas outras pessoas. E então haveria no conflito apenas duros adversários lutando um contra o outro. Então as pessoas não perceberiam que, por meio de seu oponente, elas estão muitas vezes lutando contra algo que elas mesmas carregam em si; algo que elas, todavia, não aceitam. O outro passa a ser apenas o personagem em quem eu projeto aquilo que na verdade rejeito em mim. Desse modo, torna-se muitas vezes quase impossível solucionar um conflito, pois há também um excesso de elementos inconscientes em jogo. Aquele que é brando sempre é capaz de reconhecer um pouco de si mesmo naquilo que busca o adversário. É por esse caminho que ele consegue reagir de forma mais branda e suave. Isso não significa que seja um "molenga" que a tudo permite. Moisés lutou, e também soube expressar sua raiva. Mas sua brandura o protegeu de uma atitude que o levaria a desistir de sua missão de líder daquele povo. Ele reconheceu o lado rebelde do povo também como a sua própria revolta contra Deus, e por isso sempre recorreu a Ele, buscando encontrar, em oração, um caminho rumo a uma solução construtiva para o conflito.

Assumir responsabilidades e delegar

Moisés viveu ainda outro conflito, mais especificamente o conflito entre a responsabilidade que ele havia assumido por todo o seu povo e o fato de essa responsabilidade levá-lo ao colapso, simplesmente por ele estar sobrecarregado. Esse conflito é vivido também por muitos chefes de departamento, empresários, ou mesmo padres. Eles querem estar lá, inteiramente presentes, em sua empresa, em sua comunidade. No entanto, estão muito próximos de uma síncope, pois já não podem cumprir tamanha exigência e tal responsabilidade. E o conflito se intensifica se eles insistem nessa responsabilidade e não delegam nada aos outros. Justamente entre os padres vejo com frequência o sentimento de onipotência ou a pretensão dela. Eles sempre sentem necessidade de estar presentes quando alguém da comunidade não está bem, quando alguém precisa deles. Acreditam que apenas eles poderiam suprir as expectativas dessas pessoas. Somente eles sabem conduzir bem o atendimento às pessoas em luto, não a oradora da comunidade. E as pessoas querem afinal falar com o chefe, não com sua assistente. Em algum momento, no entanto, eles entrarão em colapso.

Esse esforço por ser onipresente também existe entre alguns empresários. Há o caso de um homem de meia-idade, cujo pequeno negócio acabou se transformando em grande empresa. Ele lida bem com seus funcionários, sente a responsabilidade por eles e pelas suas famílias. Mas, ao mesmo tempo, percebe que vem se tornando cada vez mais duro, pois já não consegue dar conta de tudo como no início. Não é fácil lidar com o sentimento de ser responsável por tudo e por todos e ter de relativizar e delegar tarefas importantes aos outros.

Na história de Moisés, o seu conflito está no fato de que ele simplesmente não podia mais dar conta daquelas tantas pessoas que lhe vinham apresentar as suas contestações. Elas esperavam que ele resolvesse os seus conflitos e fizesse justiça. Isso, no entanto, não era um problema apenas para Moisés, mas também para as próprias pessoas que vinham a ele: "O povo se conservou de pé diante dele desde a manhã até a noite" (Ex 18,13). Quando seu sogro Jetro viu aquilo, disse a Moisés: "Não está certo o que fazes! Tu te esgotarás seguramente, assim como todo este povo que está contigo, porque o fardo é pesado demais para ti, e não poderás levá-lo sozinho" (Ex 18,17s.). Então ele propôs a Moisés que escolhesse homens de confiança e tementes a Deus para serem os juízes diante do povo. Este passaria a se apresentar com os seus conflitos diante desses juízes, os quais aplicariam a lei e fariam justiça. Assim, Moisés poderia cumprir a sua verdadeira missão como líder. Esse é um conflito no qual muitas lideranças se veem hoje em dia. Elas fazem tudo por seus funcionários, mas não percebem como elas mesmas se sobrecarregam. E, desse modo, nem mesmo aos funcionários elas estão fazendo um bem. Pois eles sentem na pele a tensão do chefe. Ele se torna agressivo a partir do momento em que tudo passa a ser demais para ele. E, inconscientemente, essa agressão se volta também contra seus funcionários. E ele, todavia, não dará conta de liderá-los com essa agressividade. A agressão seria a expressão da necessidade que ele tem de cuidar melhor de si. O que seria melhor também para os funcionários, pois eles poderiam lidar com seus conflitos de um modo menos estressante.

O conflito entre responsabilidade e delegação é também, em última análise, um tipo de conflito de papéis. Pois o chefe entende que o seu papel é ser responsável por tudo, é estar sempre disponível para os seus funcionários. Se ele delega essa responsabilidade a outras pessoas, precisa se despedir de seu papel como o único responsável. Ele passa a ter outro papel, o papel do coordenador, do organizador. Mas alguns chefes não colaboram com eles mesmos no desempenho desse novo papel. Eles preferem continuar fazendo o papel daquele que é responsável por tudo; fazem tudo sozinhos. Estão convencidos de que devem isso aos seus funcionários, mas não percebem como desse modo se embrenham cada vez mais em um conflito interno, o qual eles só conseguem resolver quando adoecem, explodem ou deprimem. Acontece que essa "solução" patológica não é uma solução verdadeira. Não é apenas melhor, é também mais saudável solucionar o problema de forma consciente do que deixá-lo por conta do inconsciente, ou do próprio corpo, da reação instintiva dele.

Ideais pessoais problemáticos

Moisés se queixa de Deus por Ele não ser uma mãe para seu povo. Acontece que ele mesmo acaba conduzindo o seu povo como uma mãe, uma vez que se responsabiliza por tudo o que lhe diz respeito. Essa é também, muitas vezes, a razão de conflitos nas comunidades religiosas. Lá é o padre quem dá tudo pela sua comunidade, mas ele também deseja que a comunidade seja para ele o seu ninho. Ele espera que ela seja para ele uma espécie de mãe, para quem ele dá tudo o que tem para dar. O que acontece, justamente, é que a comunidade não é uma mãe capaz de nutrir plenamente sua alma; ela é composta de pessoas que têm problemas umas com as outras. É um grupo cheio de conflitos. Se o padre carregar consigo o ideal da mãe que quer fazer justiça a todos, inevitavelmente entrará em conflito com a comunidade, e não terá em si a capacidade de lidar com esse conflito. Sentir-se-á ofendido e reagirá como Moisés: eu me dou inteiro e é assim que me agradecem. Continuam sempre clamando por mais comida e mais do que beber. Chegará o momento em que o pastor estará farto dessa lamúria. Mais de si ele não pode dar, caso contrário se esgotaria. Eu vivo acompanhando sacerdotes extenuados de trabalhar pela comunidade. Um terapeuta costuma dizer nesses casos: "Quem doa muito também carece de muito". Alguns sacerdotes se doaram demais à comunidade porque também precisavam dela demasiadamente. Sentiam a necessidade de reconhecimento, de atenção, a necessidade de serem amados. Mas se eu doo porque preciso, nunca vou obter aquilo que eu preciso, mas vivenciarei apenas a ingratidão, como Moisés. O conflito requer que o pastor desenvolva outros ideais para a sua missão como guia. A imagem da mãe que carrega a comunidade ao colo e quer fazer justiça a todos apenas o levará ao fracasso. Ele precisa de símbolos mais masculinos na demarcação de limites, para assim poder cumprir sua tarefa de liderança sem sobrecarregar demais a si mesmo. Assim seria um símbolo masculino, por exemplo, o pastor que guia o seu rebanho ou o rei que governa e dirige o seu reino. Nesse contexto, contudo, é melhor que se evitem atribuições unilaterais pautadas pelo gênero; pois é benéfico quando nós – tanto os homens quanto as mulheres – temos ao mesmo tempo ideais masculinos e femininos. Eles nos protegem do enrijecimento masculino e da complacência feminina.

Verdade seja dita: em épocas subsequentes puderam honrar o papel de Moisés como o do grande profeta e legislador. Suas eventuais fraquezas na condução de seu povo foram esquecidas. O sábio Professor Jesus filho de Sirac, diz por volta do ano 180 a.C., a respeito de Moisés: "Santificou-o pela sua fé e mansidão, escolheu-o entre todos os homens, pois [Deus] atendeu-o, ouviu sua voz e o introduziu na nuvem. Deu-lhe seus preceitos perante [seu povo] e a lei da vida e da ciência, para ensinar a Jacó sua aliança e a Israel seus decretos" (Eclo 45,4). A grande ação de Moisés foi ter sabido ouvir sempre a voz de Deus e dado ao seu povo as orientações que formaram a sua identidade e lhe transmitiram uma cultura elevada. Nem sempre é só uma questão de se ter poder de influência quando se tem um papel de liderança, mas sim, e antes de tudo, a sabedoria de ver para além dos afazeres diários. Por essa razão, Jesus de Sirac exalta sobretudo o sábio governante: "Um governador sábio julga o seu povo; o governo de um homem sensato será estável" (Eclo 10,1). Uma boa liderança é reconhecida, portanto, não pelo fato de ela ser capaz ou não de resolver conflitos, mas sobretudo se ela é capaz de proporcionar à comunidade, ao grupo ou à empresa uma forma que também no futuro seja uma bênção.

7
Abraão e Ló
Ou a convivência marcada pelo conflito

Quando a proximidade é excessiva

Muitos conflitos acontecem porque as pessoas não se entendem, porque elas não sabem o que o outro pensa e sente, porque elas continuam estranhas umas às outras. Mas também há conflitos que têm início quando a proximidade é excessiva. Por exemplo, conflitos entre dois irmãos que assumiram a empresa do pai, conflitos entre os irmãos dentro da família, ou conflitos entre o empresário e os amigos que ele contratou para trabalharem em sua empresa e que ao final acabam se portando de um modo bem diferente do que ele esperava. É de um conflito como esses, surgido a partir de uma convivência muito próxima, que nos conta a história de Abraão.

Abraão tinha um sobrinho chamado Ló. Seu pai, Harã, era o irmão de Abraão e morreu ainda bem cedo. Abraão então acolheu seu sobrinho, e partiu com ele de Ur da Caldeia, rumo a Harã, na terra de Canaã. Eis que Deus então ordena a Abraão para que ele também parta de Harã. E assim, ele parte para Siquém e Betel, e finalmente para Negueb. Ambos – Ló e Abraão – têm consideráveis posses em rebanhos. "E também Ló, que ia com Abraão, tinha rebanhos, gado e tendas. E não tinha capacidade a terra para poderem habitar juntos; porque os seus bens eram muitos; de maneira que não podiam habitar juntos. E houve contenda entre os pastores do gado de Abraão e os pastores do gado de Ló; e os cananeus e os fereseus habitavam então na terra. E disse Abraão a Ló: Ora, não haja contenda entre mim e ti, e entre os meus pastores e os teus pastores, porque somos irmãos"

(Gn 13,5-8). E assim Abraão e Ló chegam a um acordo em que um deve ir para a direita e o outro para a esquerda, e escolher a terra que gostaria de ter. Ló se decide pela região do Jordão, pois ali havia água.

Quando diferentes âmbitos se misturam

Será descrito aqui um conflito de duas espécies. A princípio, trata-se de um conflito entre parentes. Por mais belo que seja, quando parentes vivem juntos, administram juntos uma empresa ou uma fazenda – tudo pode facilmente dar errado se dois âmbitos se misturam: o âmbito do parentesco e o âmbito dos negócios em comum na empresa. Um homem herdou com seu irmão a empresa de seu pai. Inicialmente, o trabalho em conjunto ia muito bem. Mas eis que um dia entraram em conflito. Um dos irmãos era responsável pelas finanças, o outro pela parte técnica e de produção. Começaram a surgir dificuldades porque um já não queria ouvir nada do que o outro tinha a dizer. Sentia que o outro lhe dava menos importância. Tinha a impressão de que o homem das finanças acabaria se colocando acima dele e lhe dando ordens. E assim aconteceu a ruptura. Nesse caso, teria sido benéfico se os dois tivessem combinado claramente quais seriam as suas competências. E teriam então que ter separado o âmbito prático do afetivo. Justamente pelo fato de serem irmãos e desejarem assim se dar bem um com o outro, é necessário que delimitem suas funções dentro da empresa para que o trabalho em conjunto possa ter sucesso. Não é automaticamente que se dá o entendimento entre irmãos. Eles podem facilmente começar a rivalizar um com o outro se o convívio for bastante próximo. Justamente por serem irmãos, precisam de uma clara delimitação de competências para que o trabalho em conjunto possa dar certo em longo prazo.

Em outros casos, os dois irmãos, a depender deles, se dariam muito bem um com o outro. Mas ambos têm esposas. E elas não se entendem bem. Os irmãos se sentem divididos. Por um lado, sentem solidariedade com sua esposa, por outro, enquanto irmãos, gostariam de poder continuar se dando bem um com o outro. Não é fácil separar os problemas sentimentais dos problemas práticos. Por vezes, o único caminho ainda possível é aquele tomado por Abraão em sua questão com Ló: a separação, seja dividindo a empresa, ou discriminando claramente a área de atuação de cada um, para que assim os constantes atritos sejam evitados. Aproximação em excesso não é bom. E a aproximação familiar pode muitas vezes ser uma chance, mas também um desgaste. E, nesse caso, não faz o menor sentido exigir demais da boa vontade; afinal, não querem brigar. Também é necessário que se tomem resoluções claras para que não haja briga o tempo inteiro. E uma solução salutar é a separação, é conseguir um maior distanciamento, para que cada um possa atuar bem em sua função.

O convívio muito próximo na relação entre pais e filhos também pode potencializar conflitos. Justamente quando os filhos estão adultos, precisam de algum distanciamento dos pais. Quando sua ligação com os pais é demasiadamente próxima e tudo é compartilhado com eles, logo surgem os conflitos. Os pais estão absolutamente bem-intencionados, mas os filhos se sentem monitorados. Por um lado, eles precisam da ajuda dos pais; por outro, querem muito ser independentes. Nesse caso, é importante estabelecer uma distância saudável. Isso melhora a relação entre o pai e o filho, a mãe e a filha. Se eles estão sempre juntos, brigam o tempo todo. Uma vez que se separam, passam a se entender maravilhosamente de uma hora para outra.

Os membros de uma ordem religiosa entendem-se como irmãos e irmãs. Também aqui há frequentes conflitos ocasionados pela excessiva proximidade. Pensam que o certo seria fazerem tudo juntos. Acontece que proximidade em demasia não é bom para a comunidade. Muito mais importante para ela é uma boa combinação de proximidade e distanciamento. Cada um precisa de uma ocupação própria, na qual possa se desenvolver. E, ao mesmo tempo, é importante o convívio, para que essas diferentes áreas frutifiquem e cooperem umas com as outras.

O conflito da partilha

O segundo conflito entre Abraão e Ló é um conflito de partilha: a terra é muito pequena para os dois, não há mais o que dividir. E assim eles voltam sempre a discutir sobre quem é que pode utilizar esse ou aquele poço. Tais constelações são comuns também hoje em dia: a empresa é pequena demais para duas lideranças. Portanto, há que se pensar se haveria uma distribuição mais justa dos escassos recursos, ou se uma separação não seria a solução mais certa. Quando um está sempre invadindo o espaço do outro, isso facilmente gera conflitos. E também não ajuda em nada viver contando apenas com a boa vontade de ambas as partes para se suportarem. Há certas condições práticas que dificultam o bom convívio. O melhor, nesses casos, é que as partes se reúnam com o sério propósito de refletirem juntas sobre o modo como poderiam determinar mais claramente os limites de cada competência e dividir de forma mais justa os trabalhos ou recursos. Na história da Bíblia, a solução se dá da seguinte maneira: Abraão, como mais velho, deixa que Ló, o mais novo, escolha. Este pode escolher para onde quer ir. Abraão ficará então com o que restar. Ló escolhe imediatamente a melhor parte: as terras férteis do Rio Jordão. Mas só depois de alguns anos ele irá perceber que o povo daquela região – sobretudo nas cidades de Sodoma e Gomorra – é um povo perverso. E Deus arruinará aquelas cidades. Mas porque Abraão intercede por Ló, Deus salva a ele e a suas duas filhas.

O método usado por Abraão nesse caso seria também sensato em conflitos dentro de uma empresa ou dentro de uma paróquia. Eu deixo que a outra pessoa, insatisfeita com a situação na empresa ou na paróquia, escolha: "Do que você precisa? Que tipo de solução você imagina para o caso? Que solução você gostaria de propor?" Desse modo, eu não forço o outro a nada, mas deixo que ele escolha, e então aceito a sua escolha. Só no caso de ela me parecer muito descabida – se o outro pretender, por exemplo, ficar com todas as vantagens – posso então questioná-la. Mas não preciso me colocar imediatamente contra ela; posso alertá-lo das consequências dessa escolha. Ou ainda melhor: eu lhe pergunto que tipo de consequências ele imagina que essa resolução traria para mim e para ele. Talvez ele não esteja consciente dessas consequências. E, nesse caso, esse questionamento pode ajudá-lo a ver mais claramente no que ele está se metendo e quais as consequências disso para os outros. E a partir daí é possível analisar mais uma vez se a solução sugerida é mesmo a melhor. Então eu posso lhe dizer: "Sim, estou de acordo. Vamos tentar assim". Ou eu também posso expor o que eu sinto, se o que eu sinto é que estou sendo explorado ou ludibriado. Assim podemos refletir juntos desde o princípio, buscando uma solução que deixe bons sentimentos para ambas as partes.

Conflitos relacionados à distribuição fazem parte do dia a dia no mundo dos negócios. O que tem a ser distribuído em honorários tem um limite. E assim surge uma briga na qual cada um quer ter para si o máximo possível do valor total disponível. Quando duas empresas produzem o mesmo produto, também há um conflito de distribuição. A distribuição das mercadorias tem um limite. Não é possível vender sempre mais e mais. Assim, é preciso tentar resolver o conflito de distribuição entre as empresas de uma forma justa. E há também o conflito de distribuição na disputa pelos primeiros lugares. Os primeiros lugares dentro de uma empresa também são limitados. Não são todos que podem alcançá-los. Não são todos que podem ser chefes. Evidentemente, não são todos os concorrentes ao posto mais alto que chegam tão amigavelmente a um acordo como chegaram Abraão e Ló. Mas mesmo que cada um tome o seu rumo, esse também é um modo de eles continuarem se entendendo bem nas vezes em que eventualmente se encontrarem; os encontros não acontecem mais com a mesma frequência de antes e já não há a disputa em torno dos escassos recursos, pois cada um conquistou outro espaço para eles.

8
Davi e Saul
Ou conflitos de rivalidade

A ameaça pela rivalidade

Um conflito que observamos com frequência nas empresas, mas também dentro das paróquias e das famílias, é o conflito da rivalidade. Ele se assemelha ao conflito da distribuição. No entanto, ele tem ainda um outro aspecto. A palavra "rival" vem na verdade de *rivus* (regato, ribeiro, corrente de água). Rival é aquele que participa na exploração da água de um rio ou riacho. É, portanto, o coproprietário, o condômino, o *con-corrente*, que, assim como eu, usa o rio para irrigar as suas plantações. Daí então que se consagrou mais tarde o rival, o concorrente, o adversário. Às vezes acontece de alguém querer desviar o curso d'água de um rival e assim excluí-lo da exploração da água. O que se deseja então é excluí-lo, deixá-lo a seco, de modo que ele não tenha mais qualquer chance de continuar se desenvolvendo, de tomar parte no fluxo de vida.

Um conflito de rivalidade como esse é o que nos mostra a Bíblia na história de Saul e Davi. A rivalidade nesse conflito acaba se transformando em um drama com trágicos resultados para Saul. Saul é ungido rei por Samuel. Inicialmente, ele tem êxito. Mas eis que um dia Saul se opõe a uma orientação divina, e Deus o abandona, permitindo a sua queda. Samuel, a mando de Deus, unge então o jovem Davi em segredo, consagrando-o rei. No início, Davi é um servo de Saul. Por Davi tocar bem a harpa, ele é levado à corte do rei. Isso porque Saul é acometido com frequência de estados de espírito depressivos. Quando Davi toca a harpa, o rei se sente melhor. Mas um dia Saul é tomado por um "mau espírito de Deus, e tem um acesso de delírio em sua casa" (1Sm 18,10). Saul se arremessa sobre Davi por duas vezes com uma lança, a fim de matá-lo. Mas Davi sempre desvia. Por um lado, Saul precisa de Davi para se curar de suas depressões; por outro lado, ele não suporta que Davi saiba tocar tão bem a harpa e seja tão amado pelas pessoas. Ele percebe que esse jovem de tamanho êxito pode vir a ser o seu rival.

Saul projeta então um plano para se livrar de seu rival. Nomeia Davi o chefe de mil homens, com o propósito de que ele viesse a se ferir em batalha ou até cair morto. Mas Saul calculou mal, pois Davi "saía-se bem em todas suas empresas, porque o Senhor estava com ele" (1Sm 18,14). Saul tem medo de Davi e passa a lutar contra ele, a fim de aniquilá-lo. Davi, no entanto, sempre consegue escapar. Um dia Davi tem a chance de matar Saul quando este, a fim de satisfazer as suas necessidades, entra numa caverna na qual Davi está escondido. Mas Davi apenas corta a ponta do manto de Saul, para então mostrar ao rei que ele não está lutando contra ele, mas sim por ele. Por um instante, o comportamento de Davi comove o rei; mas pouco tempo depois Saul volta a lutar contra Davi e tenta matá-lo, até finalmente cair ele mesmo em combate contra os filisteus. Davi então canta um lindo cântico fúnebre para Saul e seu irmão Jônatas, de quem era amigo.

Longe de intrigas

Aqui descrevemos um conflito que volta e meia acontece dentro de grupos ou empresas. O chefe teme o jovem funcionário da empresa, que é muito competente. O jovem procura fazer bem o seu trabalho e ser solidário com o chefe. Mas o chefe não pensa em outra coisa senão em novas intrigas, a fim de diminuir o talentoso rapaz ou mesmo aniquilá-lo. Ele já não vê o rapaz como um funcionário de valor, a quem ele deve incentivar para que a sua empresa aproveite bem as suas capacidades e possa ela mesma ter sucesso. Ele apenas o percebe como um rival, o qual ele tem de excluir. Caso contrário, o jovem poderia querer desviar o seu curso d'água, impedindo que ele continuasse ali, desempenhando o seu papel de chefe. É possível que até os outros funcionários atribuam àquele jovem o sucesso da empresa, e não ao chefe, cada vez mais infeliz em sua função. O chefe percebe que ele mesmo já não é mais bem-sucedido, que não tem êxito algum. Ele tem noção de que os seus dias estão contados, mas não quer acreditar. E assim investe toda a sua energia em diminuir aquele jovem, mantendo assim o seu posto. Seria quase o caso de dizer que o jovem em questão deveria evitar tais intrigas e deixar a empresa. Mas esse nem sempre é o caminho certo, e principalmente não o será se estiver na mão dessa jovem liderança um grande potencial que ela reconhece na empresa, mas sente que corre o risco de ser desperdiçada pelo próprio chefe. Pela empresa, ele permanece. Nesse caso, é preciso ter a clareza e ao mesmo tempo a solidariedade de um Davi para que tudo termine bem. Na história bíblica, Davi confia no fato de que o Senhor está com ele. Um jovem nessa condição só é capaz de vencer um conflito desse com seu chefe se ele não se deixar envolver internamente por esse conflito; ele precisa ter esse distanciamento interno. Deve apenas assistir a todo o teatro encenado pelo chefe, às intrigas que ele inventa. Mas não deve entrar nesse jogo; não deve se deixar determinar por isso. O jovem não deve aceitar o papel de rival a que o chefe tenta lhe forçar para que entre em disputa com ele. Ele permanece internamente livre e tranquilo e acredita que o comportamento correto compensará com o passar do tempo; ele acredita que o problema do chefe acabará sendo solucionado por si só. Na Bíblia, é Deus quem permite a queda de Saul. Na realidade, muitas vezes é uma doença que leva o chefe a desistir de seus jogos de intriga. Ou então ele chega até o seu próprio limite e percebe que não pode continuar a agir daquele modo. É preciso muita fé e uma forte esperança – como teve Davi – para não se deixar levar por essas intrigas, continuar sendo solidário com o chefe e fazer da melhor maneira possível o trabalho do qual está incumbido.

Tive de vivenciar uma vez como o médico-chefe de uma clínica dispensava seus melhores médicos sucessivamente porque temia que eles fossem mais benquistos pelos pacientes do que ele mesmo. Psicólogos acreditam que dois quintos da energia nas empresas são desperdiçados em conflitos de rivalidade; energia que, no entanto, não sai dali, mas atua através de humilhações e demissões. Por isso a necessidade de caminhos para se lidar com tais conflitos de rivalidade. Naturalmente depende sobretudo do próprio chefe que ele não faça como Saul e veja seus melhores funcionários como rivais, mas sim como um potencial no qual ele pode depositar a sua confiança. Os funcionários que são perseguidos como Davi só poderão se proteger e escapar ao conflito se não se deixarem envolver em uma disputa de rivais, mas continuarem fazendo aquilo que eles – como Davi – têm em sua consciência como a coisa certa.

Rivalidade e inveja entre irmãos

Uma das coisas mais comuns é a rivalidade entre irmãos. Digamos que dois irmãos ou duas irmãs se vejam como rivais. Eles usam, para manter aqui a alegoria, toda a energia desse "rio" que são os pais, de modo a permanecerem no centro das atenções. Mas um quer impedir o outro de beber dessa mesma fonte. Eles disputam o amor dos pais e se veem mutuamente como concorrentes. E concorrentes tendem a ser hostis um com o outro, de modo que o desejo de cada um deles é eliminar o outro. Em geral, a rivalidade tem início ainda bem cedo. Outro exemplo é o da menina que vê no bebê nascido depois dela o seu rival. Sempre que a mãe quer amamentar, ela se agarra ao seu braço. O que ela quer é que a mãe brinque com ela naquele exato momento. Essa fase de rivalidade é normal. Isso exige sabedoria da parte dos pais. Eles devem entender a rivalidade da pequena como um pedido de atenção, sem, contudo, se deixar tiranizar. A rivalidade mostra que a pequena se sente preterida. Ela precisa da atenção amorosa dos pais, mas também tem de aprender que precisa dividir o amor dos pais com essa criança que chegou depois dela. A rivalidade da primeira infância, em geral, logo se dissolve. Mas depois surge um novo conflito: uma das irmãs vai muito bem na escola, enquanto a outra não tem o mesmo desempenho. Ou o irmão mais novo é constantemente comparado pelos seus professores com o seu irmão mais velho, que tinha notas muito melhores. Isso pode levá-los a se esforçarem muito por ultrapassar o irmão ou a irmã no seu desempenho, ou a constituírem, a partir dessa referência, a sua própria imagem.

E se eles não conseguem, tentam realizar o contrário daquilo que representa a irmã ou o irmão. E então a irmã, que se sentia incapaz de ultrapassar a sua irmã vitoriosa, acaba encontrando sua fuga, por exemplo, na anorexia. E o rapaz, que não consegue alcançar o desempenho de seu irmão, acaba assumindo o papel do preguiçoso. Ele quer chamar a atenção de alguma outra maneira, de modo que os pais tenham obrigatoriamente que voltar os olhos para ele. Mas caminhos como esses não resolvem o conflito, e sim conduzem a outros e novos problemas. É doloroso reconhecer o conflito de rivalidade, admitir que eu me sinto inferior ao outro. Eu preciso sofrer a dor do fato de não ser o melhor na escola, de não ser tão amado como meu irmão, minha irmã. A partir daí posso descobrir o meu próprio potencial e minha identidade e dignidade. Se eu viver a minha própria vida, deixarei de me preocupar com o meu rival. Eu encontro a fonte da minha vida, de onde eu posso beber, e assim também posso brotar, alegrando-me com o sucesso do outro.

Desconfiança e disputas de concorrentes

O conflito de rivalidade entre forças de liderança dentro de uma empresa geralmente se transforma em competição para ver quem é mais querido entre os clientes, os funcionários, quem consegue maior visibilidade publicamente. Justamente as personalidades narcisistas – e essas são comumente encontradas entre as forças de liderança – não pensam em outra coisa senão em serem queridas. Também Saul é, afinal, ciumento, pelo fato de Davi ser mais amado entre as pessoas do que ele. A sua inimizade por Davi tem início quando as mulheres vêm a ele, cantando e dançando, após a vitória de Davi sobre Golias. Cheias de alegria, elas cantam: "Saul feriu os seus milhares; porém, Davi os seus dez milhares. Então Saul se indignou muito, e aquela palavra pareceu mal aos seus olhos, e disse: Dão dez mil a Davi, disse ele, e a mim apenas mil! Só lhe falta a coroa! E, desde aquele dia, Saul tinha Davi em suspeita" (1Sm 18,7-9). Há chefes que não podem suportar que um funcionário seja mais querido dentro da empresa e entre os clientes do que ele. Eles ficam cheios de desconfiança e pensam em um modo de prejudicar esse funcionário ou de dar um fim a ele. A desconfiança, a cisma, está associada à paranoia. Essas pessoas vivem a paranoia de que outras pessoas poderiam lhes fazer ou desejar algum mal, algo grave ou muito ruim. E antes que eles mesmos venham a viver algo ruim, tratam de prejudicar o rival.

A Bíblia não dá solução alguma para um conflito como esse, a não ser a própria morte. Se entendermos isso de forma simbólica e o transpusermos para outros conflitos, significaria: o chefe tem de se livrar de sua velha identidade; precisa se libertar da ideia de que ele se define apenas a partir da aceitação das outras pessoas. Pois, caso contrário, isso o levaria a ter que fazer com que todo funcionário que fosse querido deixasse de sê-lo. Coisa que ele, no entanto, dificilmente conseguiria. O único caminho consiste em se libertar de sua própria exigência de ser o mais querido em toda parte. Ele tem que valorizar o funcionário que é admirado, alegrar-se com ele por seu sucesso e também por ele mesmo ter funcionários como esse. E aí então ele pode também compartilhar desse amor. Os outros não são mais concorrentes, mas sim seus contratados. A luz que os ilumina recai, então, também sobre ele mesmo, pois fica feliz com o valor de seus funcionários, fazendo jus ao seu próprio valor. Essa é a tarefa do chefe. Os funcionários que são queridos e por isso sofrem a desconfiança do chefe devem se espelhar no exemplo de Davi. Ele não deixa que Saul o confunda, conduzindo-o a caminho do mal. Ainda que Saul seja injusto para com ele, Davi dá provas de que é justo. Ele é leal a Saul, não quer prejudicá-lo. No entanto, para isso é necessário ter a forte confiança de Davi de que o próprio Deus conduzirá tudo para o bem e que, afinal, a justiça não está nas mãos daquele chefe injusto.

9
Pedro e Paulo
Ou o conflito entre diferentes caráteres

Caráteres que se complementam

O eneagrama conhece diferentes tipos de pessoas. Mesmo que nenhuma pessoa possa se definir por um só tipo absolutamente, ajuda muito reconhecer qual o seu próprio tipo. Pois muitos conflitos se dão porque dois tipos diferentes colidem um com o outro. O eneagrama distingue o "tipo um", o perfeccionista ambicioso, que planeja tudo com exatidão. Com ele, tudo tem de ser absolutamente preciso e correr perfeitamente. O "tipo dois" é mais o tipo social, que está lá para o outro, inteiramente. Na empresa, ele cuida, sobretudo, dos funcionários. O "tipo três" é o bem-sucedido. Se ali se passa alguma coisa, algum conflito, ele não toma isso tão ao pé da letra. O importante é que se alcance o sucesso. Não quero agora enumerar todos os tipos do eneagrama, mas gostaria de destacar alguns deles, como o "tipo seis". Esse é aquele que protege a lei. Tudo tem que seguir o que está prescrito. O "tipo oito", por outro lado, luta para que todos os conflitos sejam solucionados. Ele não pode suportar se alguma coisa não estiver bem esclarecida. E o "tipo nove" é a paz em pessoa e prefere acreditar que os conflitos se resolverão por si sós. Eu mesmo pude ver, por experiência própria, como pode ser útil a tomada de conhecimento de quais tipos estão reunidos numa equipe. Em nossa abadia, temos uma reunião administrativa todas as segundas-feiras. Participam dela o abade, o superior e seu vice, como também os três administradores. Durante algum tempo, tivemos conflitos em todas as reuniões. Para mim, por exemplo, tudo corria muito devagar e eu tinha a sensação de que nós não avançávamos pelo simples fato de pensarmos demais. Para outro, eu é que ia rápido demais e era muito impreciso, e em tudo o que eu propunha ele sempre enxergava o risco que corríamos. Quando um dia, num encontro, trabalhamos com o eneagrama, pudemos então reconhecer as nossas estruturas e perceber que, aparentemente, tínhamos entre nós dois "tipos um", um "tipo dois", um "tipo três", um "seis", e um "nove", cada um com seus respectivos pontos fortes e fracos. Depois que tomamos consciência disso, pudemos nos complementar muito melhor. Nós reconhecemos que cada um de nós tem uma tarefa importante dentro do grupo. Todos os tipos são necessários para que o trabalho continue sendo bem conduzido. Se só houvesse do "tipo três" no grupo, em pouco tempo eles sobrecarregariam todo o trabalho. Houvesse apenas o "tipo seis", nada iria para frente. Tudo travaria em minúcias. Mas o "seis" também tem sua importância no grupo: ele cuida para que não aconteça nada que não seja direito. E o "tipo um" está lá para que aquilo que deve ser feito seja feito também da melhor forma possível.

O amor às normas e o impulso de liberdade

Trata-se de um típico conflito entre caráteres o caso do conflito entre Pedro e Paulo. Eu não pretendo com isso incluir Pedro e Paulo na tipologia do eneagrama. No entanto, poder-se-ia dizer: Pedro é mais o tipo que age de acordo com as normas, enquanto Paulo está mais entre os que amam a liberdade. Ambos, porém, têm também os seus outros lados. Pedro é aquele capaz de se entusiasmar com facilidade. E com seu entusiasmo, ele é também capaz de entusiasmar o outro. Ele, a quem Jesus chamava "Pedra", torna-se logo o "chefe" dos mais jovens. E Paulo não tem só o amor à liberdade dentro de si, mas também um lado de apreço às leis. Ele era também o fariseu austero e fervoroso, para quem o importante era a obediência a todos os mandamentos. E Paulo tem em si um lado compulsivo. Nesse sentido, ele seria o típico "tipo um" do eneagrama.

O conflito entre os dois apóstolos nos é contado tanto por Lucas como pelo próprio Paulo na Carta aos Gálatas. Esse conflito não gira em torno apenas de duas pessoas de naturezas diferentes, mas sim de representantes de diferentes linhas dentro do cristianismo primitivo. Lucas nos conta o conflito entre cristãos judeus e cristãos gentios. Em Antioquia, Paulo e Barnabé haviam convertido muitos gentios ao cristianismo. Eles não tinham de ser circuncidados como os judeus, podiam passar de pagãos a cristãos diretamente. Paulo e Barnabé intervieram a favor disso. Pois eles diziam: não são as obras da lei – como a circuncisão – que nos tornam justos diante de Deus, basta-nos a graça de Deus, manifestada em Jesus Cristo. Tratava-se, portanto, de uma discussão teológica. Mas essas diferenças teológicas tinham, ao mesmo tempo, o seu fundamento nos diferentes carácteres de Pedro e Paulo. Não se tratava apenas de teoria, mas sim também de duas pessoas que tinham naturezas diferentes e, por essa razão, tiveram que entrar em conflito um com o outro.

Lucas inicia o seu relato com o conflito que teve início em Antioquia quando os cristãos judeus vieram da Judeia e passaram a exigir que todos fossem circuncidados. Paulo se opôs a isso. Mas não se desejava chegar a um acordo. Era um conflito insolúvel. Assim, a comunidade de Antioquia decidiu que Paulo, Barnabé e alguns outros irmãos fossem enviados a Jerusalém para que esclarecessem com os apóstolos essa controvérsia. Lá eles foram recebidos amigavelmente pela comunidade. Mas alguns dos fariseus que agora eram fiéis exigiam que todos fossem circuncidados. Também lá houve um duro embate. No meio da discussão, Pedro se levantou e fez um discurso esclarecedor (At 15,7-11). Ele lembrou que Deus havia enviado o Espírito Santo também aos pagãos. E isso ele mesmo havia vivenciado com o general romano Cornelius e seu povo. Se Deus tomou a decisão de dar também aos pagãos o Espírito Santo, as pessoas não podem se opor a ele. Pedro possibilitou, através de seu discurso, que os outros escutassem com atenção o relato de Paulo. E então apareceu mais uma pessoa importante: Tiago, que vem então representar os cristãos judeus. Ele confirma aquilo que Pedro havia dito, e apresenta como fundamento a palavra do Profeta Jeremias que diz que Deus reedificará o tabernáculo de Davi, o qual estará aberto para todos os povos. E assim Tiago propõe um compromisso: nenhuma exigência seria imposta aos gentios. Eles teriam apenas que se abster das carnes oferecidas aos ídolos, da fornicação, além dos animais sufocados e do sangue (cf. At 15,28s.). Esse "decreto apostólico" foi enviado a todos os cristãos. Desse modo, as comunidades compostas por cristãos judeus e cristãos gentios puderam conviver pacificamente. O conflito foi solucionado, ainda que viesse a ressurgir ainda muitas vezes depois disso.

Estar com a razão ou escutar o outro

Paulo, por sua vez, descreve de outra forma o acordo firmado entre os apóstolos e ele e Barnabé na Epístola aos Gálatas: "Iríamos aos pagãos, e eles aos circuncidados. Recomendaram apenas que nos lembrássemos dos pobres, o que era precisamente a minha intenção" (Gl 2,10). Mas essa regulamentação acabou gerando conflitos na convivência diária. Sobre um desses conflitos, conta Paulo: Pedro permaneceu algum tempo em Antioquia e sentou-se à mesa com os gentios para a refeição. Mas quando chegaram pessoas do círculo de Tiago, ele se retirou de junto dos gentios e foi comer apenas com os judeus. Ele tinha medo da crítica dos conservadores de Jerusalém. Nessa situação, Paulo dirigiu-se a Pedro abertamente e o recriminou. Aparentemente, para Pedro a questão era lidar com os cristãos gentios e judeus com habilidade. Ele não queria causar aborrecimento entre os cristãos judeus conservadores. Para Paulo, porém, isso foi uma traição ao Evangelho. Para Paulo, aqui estava em debate uma importante questão teológica. Ambos agiam, portanto, a partir de pontos de vista divergentes. Não se pode saber como terminou a briga entre Paulo e Pedro a partir da Epístola aos Gálatas. Paulo se mantém fiel aos seus princípios teológicos porque esses significam para ele o cerne da fé cristã. Para ele, o importante na verdade é estar com a razão. Por esse caminho, um conflito não pode ser verdadeiramente solucionado. Nele se impõe aquele que tem os melhores argumentos e o outro se sente acusado e acuado.

Lucas descreve, no Concílio de Jerusalém, em Atos dos Apóstolos, uma solução mais amigável do que aquela que Paulo descreve na Epístola aos Gálatas. No Concílio de Jerusalém também houve um embate fervoroso. Mas todos tiveram o direito à palavra. Porém, durante a discussão, Pedro e Tiago conseguem ser convincentes, apontando para as suas próprias experiências e os testemunhos dos profetas. E, finalmente, a proposta que é apresentada por Tiago é aceita por todos. E assim decidiram todos ali reunidos que seria escrito um comunicado, o qual seria então lido e esclarecido à comunidade por Paulo, Barnabé, Silas e Judas. A introdução dessa carta soa bastante estranha em nossos ouvidos: "Pareceu bem ao Espírito Santo e a nós" (At 15,28). Mas podemos também entender assim: os apóstolos ouviram-se uns aos outros, mas também ouviram ao Espírito Santo. Eles estavam abertos para aquilo que o Espírito Santo diz por meio dos diferentes grupos dentro do cristianismo. De modo que o texto redigido ali não é apenas um compromisso, mas sim uma solução que lhes foi apresentada pelo Espírito Santo e que, portanto, testifica toda sua validade. No conflito, tomaram uma decisão à qual todos agora devem acatar. Mas essa decisão não foi tomada autoritariamente, e sim a partir do momento em que souberam se ouvir uns aos outros e ao Espírito Santo. Poder-se-ia dizer: a solução a partir de Paulo leva repetidamente a novos conflitos. Pois ali o que importa é estar com a razão. A solução em Lucas, por outro lado, conduz a um tratamento mútuo mais amistoso. As diferenças persistem. Mas porque todos se ouviram uns aos outros, são também mais amigáveis uns para com os outros.

Argumentos racionais ou argumentação típica

Conflitos semelhantes ao do Concílio de Jerusalém acontecem também hoje em dia nas igrejas cristãs. Nela há os círculos conservadores, que exigem a observância dos mandamentos e preceitos transmitidos. E há os círculos liberais, que imaginam uma igreja completamente diferente. Todas se apoiam em Jesus Cristo e na Bíblia. Mas acontece com frequência de nenhuma das partes no conflito perceber o quanto cada uma usa a Bíblia em prol de seus próprios interesses. Eles argumentam com a Bíblia, mas por trás disso ocultam-se muitas vezes interesses sem qualquer relação com a Igreja. E por trás disso também há sempre, e antes de tudo, a estrutura de todo seu caráter. Mais uma vez, o eneagrama: o "tipo um" e o "tipo seis" não deixarão de valorizar mais as leis do que o "tipo três" ou o "tipo sete", para quem o que importa é a leveza. Mesmo nas divergências teológicas nunca se trata meramente de uma boa argumentação; também sempre está em questão uma teologia que corresponda ao meu tipo, que livre do medo e me dê esperanças de um futuro melhor. O "tipo seis" será sempre mais conservador do que o "tipo três". Isso não é um valor. É para se olhar sobriamente. Depois então se torna possível, com mais facilidade, chegar a um diálogo e permitir que cada um seja fiel à estrutura de seu caráter e à sua espiritualidade, sem se prender a uma teologia e a uma espiritualidade únicas.

Um jovem padre entrava sempre em conflito com a sua comunidade. Ele era muito obstinado e não queria ceder em ponto algum de suas convicções conservadoras. No acompanhamento, ele acabou descobrindo que precisava daquela postura rígida para conter o seu medo, há muito incrustado dentro de si. Desde criança ele tinha medo de "afundar na lama". O pai e a mãe não lhe deram a sustentação de que ele teria precisado. De modo que ele precisava adotar essa linha dura, pois assim conseguia reprimir o seu medo. Isso, no entanto, o levou a ter conflitos indissolúveis com a comunidade. Foi só aos poucos que ele pôde perceber que podia perfeitamente continuar com sua postura conservadora, mas que sua renitência em algumas opiniões não era determinada teologicamente, mas se devia à estrutura de seu caráter e à sua história de vida. Tendo se dado conta disso, ele conseguiu passar a lidar de um modo mais criativo com os conflitos na comunidade. Desde então já não precisava mais endurecer tanto e conseguia diferenciar os argumentos racionais daqueles argumentos que correspondem à sua estrutura de caráter.

No caso das controvérsias dentro das igrejas, o Concílio de Jerusalém poderia servir de um bom exemplo para uma solução adequada de conflito. O importante nesses casos, em primeiro lugar, é que sejam apresentadas as diferentes opiniões. Todos os grupos têm o direito – sem que sejam logo interrompidos – de apresentar a sua posição teológica e eclesiástica. Depois, o outro pode então esclarecer o que ele tem como objetivo para a Igreja de hoje. Não é necessário combinar imediatamente as duas partes. Devem-se simplesmente colocar as duas lado a lado, sem avaliar qual delas é a melhor. E então seriam necessárias pessoas que sejam externas a todos os conflitos, que tenham uma visão independente. Se eles fizessem um discurso esclarecedor – como Pedro, que remete à sua experiência, ou Tiago, que cita a Bíblia – algumas coisas poderiam ser esclarecidas, mesmo em conflito. Não só as diferentes opiniões são ouvidas para se chegar a um acordo entre as divergências, também o Espírito Santo deve ser ouvido. O que diz o Espírito Santo através daquelas diferentes vozes? A proposta feita por Tiago na presença do Espírito Santo consegue o apoio de todos. Nenhuma parte se sente perdedora; cada uma é dignificada e levada a sério. E cada uma delas acaba se aproximando um pouco da outra. Elas ouvem também o que o Espírito Santo tem a lhes dizer através da outra parte. Se ao final de fato se trata de uma proposta manifesta pelo Espírito Santo ou de um acordo duvidoso, isso poderá ser visto nos seus impactos. Onde trabalha o Espírito de Deus, os efeitos são a paz, a liberdade e o amor.

Brigas que persistem

Por ocasião do Concílio Vaticano II, círculos conservadores e liberais discutiram fervorosamente uns com os outros. Mas a Igreja ainda deu continuidade a essa discussão. Os Pais do Concílio ouviram não só uns aos outros, como também ao Espírito Santo. Assim surgiram soluções com as quais todos podiam conviver. E as resoluções do Concílio abriram janelas e puseram em curso um processo de desenvolvimento. Se apenas uma parte fosse vencedora, não se teria chegado a nenhuma solução frutífera. É evidente que ainda hoje existem círculos que gostariam preferencialmente de anular o Concílio. Mas eles não apontam para o futuro, e sim lamentam a perda de um passado que eles mesmos glorificam como o de um mundo são, ainda que ele nunca tenha sido verdadeiramente são.

Em alguns países, até hoje ocorrem discussões terríveis entre as diferentes igrejas, sobretudo entre as igrejas já estabelecidas e as igrejas livres ou pentecostais. E aqui, mais uma vez, tudo parece uma questão de se estar com a razão ou não. Um quer se colocar acima do outro. E, não raro, isso se dá à custa daqueles que acabam sendo desvalorizados. Também aqui seria bom que primeiramente todos se ouvissem mutuamente: Quais as motivações de cada uma das outras igrejas? O que fascina as pessoas ali? E por que razão o fato de importantes questões teológicas serem ignoradas causa mais dor de cabeça em alguns do que em outros? Também há que se perguntar: Que caráter há por trás das opiniões? Que necessidades devem ser satisfeitas pelos diferentes enfoques teológicos? De modo que ali se tratava de ouvir ao Espírito Santo. O que nos queria dizer o Espírito Santo através do fato de surgirem outras igrejas? O que nós podemos aprender com as outras igrejas? E em que aspecto devemos reconhecer mais claramente a nossa própria identidade e torná-la pública. O que significa ser hoje uma igreja de forma autêntica, viver o cristianismo de forma autêntica, nesse nosso mundo secularizado?

O que se esconde em um conflito de orientações divergentes

O desdobramento do Concílio de Jerusalém nos oferece uma ajuda para vermos como é possível lidar com um conflito de orientações, mesmo no âmbito puramente secular de uma empresa. Mesmo em um conflito de orientações – assim nos revela o relato de Lucas –, nunca estão envolvidos unicamente os argumentos racionais, mas também sempre as pessoas, concretamente. Cada pessoa luta por aquela orientação que lhe parece a mais certa, que lhe tira o medo e lhe dá esperanças de um bom futuro. Quando se tem conhecimento da ligação entre os argumentos racionais e a estrutura de caráter de cada um, as pessoas conseguem se ouvir umas as outras mais abertamente. Não se trata de estar com a razão, mas sim de reconhecer que há no grupo do adversário necessidades pessoais legítimas que devem ser respeitadas. Quando eu aceito isso, consigo diferenciar aquilo que satisfaz as necessidades de cada um daquilo que a empresa como um todo pode conduzir a um futuro melhor. Mas mesmo uma empresa é constituída também por pessoas, e não há qualquer estratégia que seja independente delas. De modo que, em um conflito de orientações, não há outro caminho se não ouvirmos o outro – como os apóstolos em Jerusalém naquela época – e nos perguntarmos o que o Espírito de Deus gostaria de nos dizer. "Ouvir ao Espírito de Deus" pode nos soar estranho quando se trata de temas puramente mundanos. Mas também aqui é importante não confiar apenas em sua própria inteligência, mas também na inspiração que vem de outro plano. Nós poderíamos chamar esse outro plano de plano intuitivo, plano dos sonhos, ou mesmo o plano no qual o Espírito Santo nos fala. Quando ouvimos o Espírito em nós, podemos confiar que Deus também abençoará a nossa solução para o conflito, que todos poderão viver bem com isso e será inaugurado um futuro melhor.

10
Jesus e o enfrentamento de conflitos
Ou como os conflitos podem ser solucionados da melhor forma possível

Jesus era constantemente confrontado por conflitos. Já em sua infância enfrentou conflitos com seus pais. Depois, eram as discussões com os apóstolos, que muitas vezes não entendiam o que Jesus queria realmente. Ele também entrou em conflito com pessoas que o colocavam à prova ou lhe eram hostis. A Bíblia nos conta, sobretudo, sobre suas divergências com os fariseus e os saduceus. Com os fariseus, Jesus se relacionava de forma perfeitamente amigável. Mas Ele se volta contra o pensamento muito estritamente normativo de alguns deles. Seus verdadeiros opositores eram, em contrapartida, os saduceus, a aristocracia da Igreja, que mantinha assuntos com os romanos.

O conflito com os pais

Lucas descreve ao final da história da infância de Jesus o seu primeiro conflito com seus pais. O desenvolvimento até os doze anos de idade parece ter sido harmônico. Sobre o menino, ele conta: "O menino ia crescendo e se fortificava: estava cheio de sabedoria, e a graça de Deus repousava nele" (Lc 2,40). Os pais podiam, portanto, se orgulhar de seu filho. Mas eis que o menino de doze anos foi com seus pais para Jerusalém para a celebração da Páscoa. Quando os pais, junto ao grupo de peregrinos, colocam-se a caminho de casa, Jesus permanece em Jerusalém. Os pais o procuram entre os parentes e conhecidos; no entanto, sem resultado. Eles então retornam a Jerusalém e o encontram depois de três dias, no templo, entre os estudiosos. Os pais ficam muito abalados, e a mãe lhe pergunta: "Meu filho, que nos fizeste?! Eis que teu pai e eu andávamos a tua procura, cheios de aflição" (Lc 2,48). A expressão em grego aqui significa: Nós sofremos a te procurar. É possível perceber em sua fala a preocupação e a decepção deles com o filho. Ele causou dor aos seus pais. Eles passaram três dias tomados pelo medo por Ele e se acusavam mutuamente por não terem tomado conta dele como deviam. E Jesus respondeu de um modo que certamente não os consolou, mas sim os magoou ainda mais: "Por que me procuráveis? Não sabíeis que eu devia estar na casa de meu Pai?" (Lc 2,49). Os pais então veem o filho como a um estranho. Ele toma um caminho que eles não entendem. Aquilo é uma afronta para os pais, que se dedicam a criar o seu filho do modo mais correto e com boa-fé. Aqui se torna claro um conflito familiar vivido ainda hoje por muitas famílias. Os pais não conseguem mais entender os seus filhos. Os filhos, por sua vez, não compreendem a preocupação dos pais. Eles estão convencidos de que devem seguir o seu caminho e se libertar dos pais.

Maria, no entanto, que sofre ao perceber que não entende mais o seu filho, não reage ao distanciamento de Jesus de forma a acusá-lo. Mais do que isso, consta de Maria: "Sua mãe guardava todas essas coisas no seu coração" (Lc 2,51). Em grego, a expressão é *diaterein* ("olhar por dentro"). O que significa: Maria leva tudo dentro de si. Ela detém em seu coração aquilo que se passou. E, através dos acontecimentos externos, ela procura compreender o seu próprio sentido, o seu sentido mais profundo. Através daquilo que se passou ela lança o olhar para o interior da essência de sua alma. Lá, nesse espaço íntimo do mistério divino, ela é capaz também de suportar o fato de que não entende seu filho. Apesar disso, ela o apoia.

Conta a Bíblia sobre Jesus depois do conflito no templo de Jerusalém: "Em seguida desceu com eles a Nazaré, e lhes era submisso" (Lc 2,51). Jesus desce, portanto, retornando assim para o centro de sua rotina, para a vida habitual, e submetendo-se aos pais. Mas, ao mesmo tempo, Ele crescia. "E Jesus crescia em estatura, sabedoria e graça, diante de Deus e dos homens" (Lc 2,52). Jesus segue seu próprio caminho. O caminho pelo qual Ele está comprometido com o Pai Celeste. Mas Ele, ao mesmo tempo, se submete aos pais, até o quando tem de cumprir sua missão: sair pelo mundo anunciando a boa-nova de que Deus está próximo e vem salvar e libertar a todos.

Lucas nos mostra, tanto da perspectiva dos pais como também da perspectiva do menino, como os pais devem se portar para solucionar da melhor forma os conflitos que surgem durante o desenvolvimento do menino até a sua fase adulta. Os pais devem guardar em seu coração aquilo que eles não entendem e, ao mesmo tempo, voltar o olhar para dentro daquilo que para eles continua incompreensível, para então, por meio desse olhar, chegar ao âmago de sua própria alma e da alma do menino. É nesse lugar que eles vão se deparar com o mistério de sua verdadeira essência e o mistério do seu filho. Eles devem permitir à criança a sua singularidade e reconhecer que ela, afinal, não lhes pertence. Eles devem ouvir dentro de si mesmos a palavra original que é pronunciada por Deus através de seu filho. Do filho, o que se espera é que ele se submeta aos pais, que os obedeça, e que se integre no cotidiano familiar. Nesse cotidiano ele deve crescer, para então, em liberdade, tomar o próprio caminho. E ouvindo aos seus pais e à voz de Deus, o menino aprende a sabedoria, aprende como se vive a vida.

O conflito entre os apóstolos

Um conflito entre os apóstolos nos é contado pelos primeiros três evangelistas. Trata-se do conflito sobre quem teria mais valor junto a Jesus. Trata-se, portanto, de uma briga em torno da hierarquia entre os apóstolos. Mateus nos conta como a mãe dos filhos de Zebedeu vem ao encontro de Jesus e lhe pede que seus dois filhos possam se sentar ao seu lado, um à sua direita e um à esquerda, no Reino de Jesus; que eles, portanto, venham a ter os primeiros lugares. Esse pedido aborrece os outros apóstolos. O que lhes parece é que dois dentre eles forçam a barra para estar à frente. Em Mateus, possivelmente o que mais os aborrece é o fato de que também a mãe intervém em favor dos desejos de seus filhos, pretendendo que Jesus a atenda (Mt 20,20). Já Lucas descreve o conflito de um modo mais geral: "Surgiu também entre eles uma discussão: qual deles seria o maior" (Lc 22,24). Nos três evangelhos, Jesus responde a esse embate tomando como exemplo a atitude das autoridades terrenas: os reis imperam sobre seus povos. Eles diminuem os outros para poderem acreditar na sua própria grandeza. Eles precisam da sua posição de excelência para que os outros os admirem. Mas com os apóstolos de Jesus deve ser diferente: "O que entre vós é o maior, torne-se como o último; e o que governa seja como o servo" (Lc 22,26). Jesus, portanto, não resolve o conflito intercedendo entre os apóstolos, mas sim na medida em que lhes apresenta outros princípios. Ele endireita os parâmetros: entre os cristãos, não se deve tratar de quem tem mais poder ou valor, mas sim de servir um ao outro. Logo, aquele que deseja ser grande deve servir aos outros e neles despertar a vida. Uma vez que Jesus esvazia o fundamento do pedido dos filhos de Zebedeu, Ele aponta para um novo caminho pelo qual seus apóstolos devem se tratar mutuamente. Eles não devem rivalizar para ver quem será o primeiro no Reino dos Céus, mas sim quem mais serve ao outro. Esses parâmetros esvaziam os fundamentos dessa disputa pelos primeiros lugares.

As igrejas proclamam as palavras de Jesus sobre o sentido de reinar e servir. Apesar disso, ainda hoje, os interesses dentro delas giram tanto em torno de poder e valorização como naquela ocasião entre os apóstolos. Mateus vê aquela cena (Mt 20,20-28) como uma advertência às comunidades religiosas, a quem ele dedica o seu Evangelho. Ele teve de passar pela experiência de ver como surgem disputas por poder dentro das comunidades cristãs, semelhantes àquela vivida pelos apóstolos naquela época. Em Mateus, Jesus não responde imediatamente indicando-lhes a necessidade de servir, mas sim colocando aos apóstolos que desejam ascender em suas posições, uma questão: "Podeis vós beber o cálice que eu devo beber?" (Mt 20,22). Ele lhes chama a atenção para a dor que o espera. Aquele que deseja estar à frente em uma comunidade religiosa deve estar pronto, como Jesus, a trilhar o caminho da dor. Ambos os apóstolos confirmam que estariam aptos a enfrentar a dor. Só então Jesus responde que não há lugar algum a ser concedido, mas que está nas mãos de Deus a quem

Ele reservará os primeiros lugares. Nas comunidades cristãs, não é a carreira que é importante, mas sim o serviço. Os lugares no Reino de Jesus deixam de ser um sinal de poder e passam a sinalizar a proximidade com Ele. De modo que os superiores nas comunidades cristãs devem se esforçar para serem semelhantes a Jesus, que deu a sua vida por nós. As palavras de Jesus retiram o fundamento de qualquer luta por poder. Entretanto, há também nas comunidades cristãs essa aspiração pelo poder, e isso gera muitos conflitos. Pois, quando é assim, um passa a querer triunfar sobre o outro, ser melhor do que o outro, ter domínio sobre ele, e o que mais se deseja é ter influência na Igreja.

O fato de que essa não é uma questão que remete unicamente ao passado é algo que eu presencio repetidas vezes em meu trabalho como acompanhante espiritual. Desde os 22 anos faço o acompanhamento de párocos e funcionários das paróquias na *Recollectio-Haus*. Os conflitos dentro das paróquias são um tema muito frequente. Existem, por exemplo, leigos bastante engajados na Igreja, que tomam parte no conselho paroquial e assumem responsabilidades com a comunidade, mas alguns pastores sentem grande dificuldade em atribuir competências a esses leigos, como por exemplo ao presidente da comunidade paroquial. Eles se apoiam em seu sacerdócio. Para eles, é o padre quem tem a última palavra. E assim, muito engajamento acaba não dando em nada. Uma coisa é certa: alguns padres não conseguem abrir mão de seu poder. De fato, eles costumam dar razões muito bem-fundamentadas na teologia, quando não estão de acordo com essa ou aquela ideia. Mas muitas vezes se esconde por trás disso apenas a sua necessidade de poder. É claro que eu também vivencio o contrário disso, quando pessoas se engajam dentro do conselho da comunidade paroquial, e para elas o que está em questão não são somente os anseios da comunidade, mas sim o seu próprio poder. Elas veem na paróquia um lugar no qual podem dar vazão à sua necessidade de serem valorizadas, porque fora dali, no trabalho ou em casa, com a família, elas não têm muito a dizer. O problema é que as pessoas geralmente não tomam consciência realmente de carências como essas, mas as escondem atrás de outras motivações, como o amor ao próximo ou o amor à paróquia.

Esses mecanismos psicológicos mencionados aqui no cenário religioso naturalmente também se aplicam a outras áreas da vida. Também nas empresas gira-se muito em torno da questão de poder. Um gerente de departamento, por exemplo, quer exercer seu poder intrometendo-se constantemente nos outros departamentos e os criticando. Também nesse caso esconde-se a necessidade de poder atrás de argumentos plausíveis: o que se quer é o melhor para a empresa. Na realidade, o que se quer é o melhor para si mesmo. O que se quer é ter poder. Ainda hoje ele exerce, em muitas pessoas, um grande fascínio. Nesses conflitos, o melhor, portanto, é observar se o que está em questão é mesmo o que se discute ou o poder que algumas pessoas querem tomar para si ou querem exercer sobre outras pessoas.

No Evangelho de Lucas há o relato da briga dos apóstolos na Última Ceia para decidir quem seria o maior entre eles. Jesus deu-lhes prova do seu mais profundo amor doando a si mesmo na dádiva do pão e do vinho. Os apóstolos sentiram-se unidos a Jesus. Mas já no momento seguinte, a questão passa a ser para eles a sua grandeza e o seu valor dentro da comunidade cristã. Às vezes, até mesmo na liturgia – e ainda hoje –, disputas de poder são levadas até o fim. E também aqui, mais uma vez, a experiência vivida no contexto das comunidades cristãs é apenas um exemplo. Quando descrevemos esses casos, sempre se pode pensar que também é possível constatar a presença desses mecanismos ocultos em outros grupos religiosos. Por exemplo, o caso em que não permitem que leigos façam a pregação, e embasam a proibição com argumentos teológicos; isso é coisa que compete ao pastor, que afinal estudou teologia. Mas muitas vezes acontece de leigos – como, por exemplo, o conferencista da pastoral – terem estudado teologia tão bem quanto eles ou até mesmo melhor. E às vezes os leigos são inclusive melhores na catequização. Mas para não ter de abrir mão do poder da palavra, há quem se esconda atrás de argumentos teológicos. As disputas de poder na Igreja, em geral, não são vistas desse modo. Diz-se que o mais importante é o Espírito de Jesus, o qual se pretende difundir dentro da Igreja; mas simplesmente não se nota o quanto se infringe contra o Espírito de

Jesus quando se remete a Ele em uma situação na qual, na verdade, o que está em jogo é o poder e a influência.

Um caminho importante para se resolver tais conflitos consiste em tomar consciência, sincera e humildemente, da própria necessidade de poder. Se eu tenho condições de fazê-lo, sou também capaz de achar um caminho pelo qual eu consigo lidar com a minha necessidade de poder. Por si só ele não é ruim. Atrás dele se esconde a ânsia por construir alguma coisa. Mas trata-se justamente de exercê-lo de modo a que ele sirva às pessoas, e não à própria grandeza, à própria carreira, à própria fama.

O conflito de Jesus com seus apóstolos tem algo a dizer não somente às igrejas, mas também a empresas em todo o mundo. Nas empresas, acontecem com a mesma frequência os conflitos de disputa pelos primeiros lugares. E assim como entre os apóstolos, tenta-se aproveitar da relação com o chefe para alcançar a melhor posição junto a ele. Ou utilizam-se – como em Mateus – de outras pessoas que podem interceder por alguém junto aos superiores. Quando alguém se utiliza de uma relação para chegar ao topo, isso desagrada aos outros, que gostariam de chamar a atenção pelo seu desempenho. Uma disputa dessas em torno dos primeiros lugares não raro é levada até o fim por meios abusivos.

É preciso refletir sobre o que significa verdadeiramente liderar. Na liderança, o importante não é estar acima dos outros, diminuir os outros para poder acreditar na própria grandeza. Em toda missão de um líder está também a de servir aos outros. Eu sirvo à empresa e sirvo também às pessoas, procurando despertar nelas vivacidade, incentivá-las, de modo que desenvolvam o seu próprio potencial e que suas capacidades sejam um benefício à empresa. Só quem está pronto para servir deve concorrer a uma posição de liderança. E mesmo a pergunta de Jesus relacionada ao sofrimento também vale para os conflitos por liderança dentro da empresa. Quem concorre a uma posição de liderança deve saber que liderar também é sofrer, que é preciso estar preparado para passar por situações difíceis e vários conflitos.

Conflitos aparentemente insolúveis

Os opositores de Jesus estão constantemente tentando colocá-lo em situações de conflito aparentemente insolúveis. Eles querem colocá-lo contra a parede e desmoralizá-lo. Ou contam com o fato de que Ele tenha que assumir posicionamentos que o acabem prejudicando. Gostaria de contar brevemente apenas dois desses conflitos. Um dia vieram fariseus e correligionários de Herodes até Jesus "para que o apanhassem em alguma palavra" (Mc 12,13). Eles perguntam a Jesus: "É permitido que se pague o imposto a César, ou não? Devemos ou não pagá-lo?" (Mc 12,14). Se Jesus respondesse com um "sim", poria a perder sua boa relação com os judeus devotos, os quais, na verdade, eram contra o pagamento de tributos ao imperador. Mas nenhum se arriscava a dizê-lo abertamente. Tentava-se escapar ao pagamento de impostos sem chamar a atenção. Se Jesus respondesse com um "não", então os correligionários de Herodes poderiam prendê-lo. Portanto, um dilema. Mas Jesus, "conhecendo-lhes a hipocrisia, disse-lhes: Por que me quereis armar um laço? Trazei-me uma moeda para que a veja. E eles lha trouxeram. E Ele perguntou-lhes: De quem é esta imagem e inscrição? E eles lhe responderam: De César. E Jesus então lhes replicou: Dai pois, a César o que é de César, e a Deus o que é de Deus" (Mc 12,15-17). Jesus não se deixa acuar nem cair na armadilha. Ele reage com atitude. Os fariseus acabam por expor o quanto era hipócrita a sua pergunta; afinal, eles traziam consigo moedas de César. E Jesus consegue sair da posição passiva de quem está contra a parede. Colocando uma pergunta aos seus opositores e deixando que eles a respondam, Jesus reconquista a sua dignidade. Por sua pergunta Ele consegue de novo amplo espaço para respirar. Ele não responde diretamente à pergunta que lhe é colocada; ao invés disso, Ele apenas diz: devolvam a César o que é de César. As moedas, cunhadas por César com a sua imagem, lhe pertencem. Mas o homem é a imagem de Deus. E, sendo assim, ele lhe pertence inteiramente. De modo que as pessoas devem dar a Deus tudo aquilo que as compõe em sua natureza. A César devem dar apenas aquilo que dele receberam: justamente o dinheiro para as ruas que ele construiu. Jesus põe fim ao conflito, uma vez que Ele não permite que lhe imponham o papel daquele que precisa se justificar. Ele adota outra perspectiva, coloca tudo em outro plano, e coloca, Ele mesmo, a pergunta aos seus opositores. E eles então não conseguem rebater a solução dada por Jesus: "maravilharam-se dele" (Mc 12,17).

Semelhante é a situação em que os eruditos e os fariseus trazem a Jesus uma mulher que havia sido flagrada em adultério. Eles lembram Jesus de que a lei de Moisés exige que as mulheres adúlteras sejam apedrejadas. "Que dizes Tu a isso?" (Jo 8,5). Aqui também, Jesus se encontra diante de um conflito insolúvel. Os fariseus não estão verdadeiramente interessados em solucionar uma questão controversa; fazem isso a fim de "pô-lo à prova e poderem acusá-lo" (Jo 8,6). Se Jesus respondesse negativamente à pergunta, estaria infringindo a lei que determina o apedrejamento. Se dissesse que sim, colocar-se-ia em confronto com os romanos, que haviam tomado dos judeus o direito à execução da pena de morte. Ele poderia, portanto, ser acusado perante os romanos e então condenado por eles como inimigo do Estado. E certamente isso decepcionaria muitos de seus seguidores, pois tamanha rigidez não corresponderia à Boa-nova que Ele anunciava. Então, Ele não responde à pergunta; em vez disso se agacha e escreve algo na areia. Poder-se-ia dizer: Ele está ganhando tempo, esquivou-se, retirou-se em pensamentos para descobrir uma solução criativa para o conflito. Escrever na areia naquele momento poderia ser entendido como uma espécie de *Brainstorming*. Mas também é possível entender de um modo simbólico esse ato de escrever na areia. O que poderia significar que todos os mandamentos da lei são escritos na areia e que se dissolvem com a chegada de Jesus. Não é uma questão de se tomar a lei ao pé da letra; trata-se, isso sim, do seu sentido, que, no ensinamento de Jesus, é respeitado. Jesus se ergue e diz então a extraordinária frase que confunde os papéis desempenhados nesse conflito: "Aquele que de entre vós está sem pecado seja o primeiro que atire pedra contra ela" (Jo 8,7). Jesus coloca assim os fariseus e escribas diante de um conflito insolúvel. Por um lado eles querem de qualquer modo apedrejar a mulher. Por outro lado, eles sabem muito bem que, diante de Deus, ninguém está livre de pecados. Um após o outro se retira dali. Jesus não os observa indo embora. Prefere se agachar de novo, voltando a escrever na areia. Ele dá liberdade aos fariseus para lidar com o conflito diante do qual Ele os colocou, mas confia que ninguém ousaria supor ser livre de pecados. Quando Jesus se levanta novamente, ninguém mais se encontra ali, apenas a mulher. Jesus lhe pergunta: "Mulher, onde estão aqueles teus acusadores? Ninguém te condenou? E ela disse: Ninguém, Senhor. Disse-lhe então Jesus: Nem eu também te condeno; vai-te, e não peques mais" (Jo 8,10).

Em ambos os casos, temos conflitos insolúveis. Em ambos os casos, Jesus os soluciona soberanamente. Os opositores de Jesus usam um conflito sem solução para lhe preparar uma armadilha, a fim de encontrar uma razão para acusá-lo e aniquilá-lo. Passamos às vezes também por experiências como essa. Aqueles que têm alguma coisa contra nós usam o conflito para nos atacar. Em uma situação como essa, precisaríamos da grandeza de Jesus para escaparmos à armadilha. Podemos aprender com Jesus a não permitir que nos imponham um determinado papel. Devemos primeiramente não fazer nada, dar-nos tempo, devemos ouvir o nosso íntimo. Em geral surge-nos então, do fundo de nossa alma, uma ideia de como podemos nos libertar daquele dilema. Trata-se de tomarmos nós mesmos a iniciativa, seja rebatendo a pergunta aos adversários ou colocando-lhes uma pergunta, à qual eles devem responder primeiro. Desse modo ganhamos tempo. E colocamos os outros diante da necessidade de argumentação. À medida que tropeçarem em seus argumentos, acabarão, eles mesmos, por revelar qual o seu verdadeiro intuito. Talvez seja oportuno não respondermos imediatamente à pergunta que nos é colocada, mas sim ouvirmos no nosso íntimo qual sentimento nos brota nessa hora. Muitas vezes percebemos que a pergunta é uma armadilha; percebemos que, na verdade, ela está relacionada a outra coisa. É preciso concentração para nos mantermos naquilo que somos, e liberdade para podermos enxergar através disso. Também pode ser de grande ajuda nos voltarmos para dentro de nós mesmos por um instante e rezarmos, para que, em oração, nos surja uma ideia de como reagir adequadamente.

Um funcionário chega ao seu chefe acusando um de seus colegas de ter-lhe roubado dinheiro. Se o chefe for imediatamente tratar da acusação pedindo explicações ao acusado e ameaçando demiti-lo, ele correria o risco de estar sendo manipulado pelo acusador. Se ele der início imediato a uma investigação aberta, ele arruinaria a confiança entre os trabalhadores e despertaria dúvidas a respeito de sua autoridade. Faria bem nesse caso que o chefe – assim como Jesus – não permitisse que o colocassem contra a parede, mas que, ao invés disso, ele colocasse ao acusador a questão: "O senhor tem provas disso? Em que se baseia a sua suspeita?" É possível que então fique mais claro se se trata verdadeiramente de uma suspeita fundamentada ou se a rivalidade e a inveja entre os funcionários também têm alguma importância. Por meio da pergunta ele se liberta do papel que lhe quer impor o funcionário. Se a suspeita tem fundamento, ele pode perguntar ao funcionário: "E o que o senhor sugere?" Também nesse caso, ele ganha tempo. E se a proposta não for de seu agrado, ele pode responder: "Eu vou pensar na melhor maneira de resolver a questão". Ele liberta-se, assim, do papel de ter de se justificar diante do funcionário. Ele toma as rédeas nas mãos, ao invés de deixar que um funcionário lhe force a um desses papéis antes mencionados.

Outro exemplo do dia a dia: nos círculos religiosos, infelizmente é comum que se façam denúncias anônimas contra pessoas não muito queridas. Como reagir a isso? Quando um pastor ou padre se ocupa de denúncias anônimas, ele está se deixando usar pelo acusador. Ele, no entanto, não deveria lhe dar um poder que não lhe cabe. Se o acusador chega pessoalmente ao pastor e lhe expõe a má conduta de um membro da comunidade ou de um funcionário da igreja, para assim forçá-lo a tomar uma atitude, o melhor que faz o pastor é assumir, como Jesus, o papel ativo do questionador, e não se deixar logo cair numa armadilha, apoiando motivações alheias, nem sempre tão desinteressadas. Também aqui, uma orientação que aponta no sentido da palavra de Jesus e pode servir de ajuda: "Aquele que não tem pecado atire a primeira pedra!" Ele pode perguntar ao acusador: "O que o senhor gostaria de dizer a essa pessoa?" O acusador está interessado em que o pastor peça explicações ao acusado. Mas o que está em questão não é a acusação, e sim como nós, imperfeitos como somos, lidamos com o outro quando este cometeu um erro. A palavra de Jesus desmascara a presunção dos fariseus sem acusá-los. A sabedoria do pastor consistiria no fato de que ele mesmo não acusa o acusador: "O senhor não deve vir me contar isso". Haveria então uma briga de poder. O acusador ficaria indignado com a frouxidão do pastor. Mais sábio seria perguntar ao acusador sobre a sua própria conduta: "Como o senhor lida com o erro do outro? O que poderia ajudar esse acusado?" Com perguntas como essas, é possível se libertar de uma situação na qual muitos acusadores querem por vezes ver uma pessoa acuada.

11
Soluções criativas para os conflitos
Ou como podemos lidar com as tensões, imbuídos do Espírito de Jesus

Os evangelhos nos transmitem palavras de Jesus aplicadas por Ele conscientemente nas situações de conflito que Ele mesmo previu para sua comunidade dos discípulos. São palavras pensadas para diferentes situações. Essas palavras podem nos ajudar ainda hoje a lidar com os diferentes conflitos de nossa vida, imbuídos do Espírito de Jesus.

Solução de conflitos na comunidade

O Evangelista Mateus reuniu no capítulo 18 palavras de Jesus que se aplicam, todas elas, ao trato dos cristãos uns com os outros na comunidade. Por essa razão, o capítulo também é chamado de "regras da comunidade". Aqui Jesus também se ocupa da solução de conflitos. Ele conta com o fato de que os irmãos possam vir a ter má conduta e que isso gere tensões entre eles. Jesus recomenda diferentes tipos de estratégia: "Ora, se teu irmão pecar contra ti, vai, e repreende-o entre ti e ele somente; se te ouvir, terás ganho teu irmão. Mas, se não te ouvir, leva ainda contigo um ou dois, para que pela boca de duas ou três testemunhas toda a palavra seja confirmada. E, se não as escutar, dize-o à Igreja; e, se também não escutar a Igreja, considera-o como um gentio e publicano" (Mt 18,15-17).

A solução do conflito é sempre marcada pela preocupação com o indivíduo. No entanto, esse texto traz grandes problemas a muitos exegetas. Pois nele a questão não é só a preocupação com o outro, mas também a exclusão. Essencialmente, porém, trata-se da responsabilidade que um tem pelo outro. A repreensão do irmão tem uma longa tradição no judaísmo. Mateus, na formulação de suas regras para a comunidade, mantém-se na tradição judaica, segundo a qual é responsabilidade de cada um chamar a atenção do irmão sobre algum comportamento que perturbe a convivência na comunidade. Diz o versículo 15: "Se teu irmão pecar contra ti, vai, e repreende-o entre ti e ele somente!" Não se trata, portanto, puramente do pecado, mas da má conduta para com o irmão ou a irmã. Aquele que se sente atingido pelo pecado do irmão deve falar com ele. No entanto, ele não deve fazer um sermão sobre moral, mas sim falar do que se passa a partir do seu próprio ponto de vista, e, sobretudo, partilhar a dor e a mágoa que aquele comportamento do irmão lhe causou. O importante não é julgá-lo, mas sim falar-lhe em particular das impressões sobre o comportamento do irmão, de quais sentimentos surgiram naquele momento e quais reações isso acabou provocando na pessoa que fala. E o versículo: "Se te ouvir, terás ganho teu irmão" (18,15). Literalmente: "Se ele te ouvir". Em primeiro lugar, não são palavras de reprovação o que ele deve ouvir, mas sim a mim e aquilo que eu sinto. É preciso que eu me apresente ali exatamente no estado de espírito em que me encontro internamente, e não me esconda atrás de argumentações racionais. Se meu irmão me ouvir, se ali se estabelece uma relação entre mim e ele, então eu ganhei o meu irmão. Quando nós nos ouvimos um ao outro, pertencemo-nos também um ao outro; surge então, novamente, uma união. Aqui se trata, portanto, de um conflito entre duas pessoas. E é preciso que eu o esclareça no diálogo com a outra pessoa. Ao final do diálogo deve surgir uma nova relação entre as duas partes do conflito.

É só quando o diálogo não tem sucesso que eu devo buscar a ajuda de mais um ou dois e dar início a uma nova tentativa de estabelecer um diálogo com o irmão. Eu não devo falar *sobre* ele, mas sim *com* ele. Tenho de usar de toda a minha arte para conseguir o diálogo com ele, dando-lhe, sob a proteção do pequeno grupo, a possibilidade de ele se distanciar de seu comportamento inadequado. O foco principal deve ser a conquista do irmão, integrá-lo de volta à comunidade. Mateus cita aqui um trecho tirado do Livro do Deuteronômio: "Só se tomará a coisa em consideração sobre o depoimento de duas ou três testemunhas" (Dt 19,15). Essa regra serve ao acusado. Ele deve ser ouvido também por outros que talvez o entendam melhor do que aquele que se sente ferido por ele. Os outros dois podem julgar melhor como a ofensa de um deve ser entendida pelo outro. É possível que as duas pessoas envolvidas não estejam vendo a situação corretamente. Não é intenção das testemunhas colocar o acusado contra a parede, mas sim lhe serem justos. Talvez seja possível analisar o seu comportamento sob outra luz. O objetivo da conversa é a reconciliação entre os dois, para que o incômodo na comunidade seja superado.

Apenas se o acusado estiver absolutamente fechado, se não estiver disposto a ouvir o que os outros têm a dizer, é que se deve então comunicar à comunidade religiosa. Toda a comunidade deve então analisar e avaliar o caso, e buscar solucioná-lo conforme as possibilidades. Somente a partir do momento em que o acusado não estiver disposto a ouvir o que os outros têm a lhe dizer, quando ele enxergar unicamente que é ele quem está com a razão e não admitir que isso seja colocado em questão, ou seja, quando ele excluir toda e qualquer outra possibilidade, só aí então ele será também excluído da comunidade. Mateus não diz que essa deve ser a decisão definitiva. Possivelmente ela é apenas – como entendiam muitos intérpretes da Igreja antiga – uma decisão temporária, a fim de que a pessoa em questão se dê conta de sua atitude.

Muitas vezes um conflito não tem como ser solucionado apenas entre as duas partes do conflito. Nesse caso, convém chamar mais duas pessoas para a conversa. A parte interessada pode sugerir que o outro escolha alguém de sua confiança. E ela mesma sugere então também uma pessoa para tomar parte nessa conversa. Mas não se deve já de antemão deixar que se tenha a impressão de que o outro é o culpado no conflito. Mateus parte de uma situação em que a má conduta de uma só pessoa deva ser repreendida pelos outros. No entanto, isso em geral não é muito evidente quando se tem um conflito entre duas pessoas. O grupo não deve se colocar contra uma pessoa. Trata-se muito mais de, através dessa conversa em grupo, colocar os conflitos daquelas duas pessoas num horizonte mais amplo. Isso pode ajudar as partes do conflito a esclarecerem algumas coisas. É possível, no entanto, que se crie uma situação em que a pessoa em questão acabe tendo problemas não só com a outra parte no conflito, mas também com o grupo todo. Essa então seria a situação pensada por Mateus. Esse seria o caso de buscar unir novamente aquela pessoa ao grupo. Só quando não se tem sucesso nisso é que se deve então esclarecer a essa pessoa que ela está excluída do grupo. A questão é como ela irá lidar com isso. Deixá-la ciente de seu isolamento pode ser benéfico, fazendo com que ela mesma busque caminhos no sentido de se reintegrar à comunidade, ou que tenha de sentir as consequências de estar excluída da comunidade, pois já não há comunhão. Analisando psicologicamente, poder-se-ia descrever esse tipo de solução de conflito como "confrontação respeitosa". Confronta-se o indivíduo com o seu comportamento. Mas, ao mesmo tempo, o grupo mostra a ele que lhe dá valor. O grupo lhe dá a entender que quer muito integrá-lo à comunidade, pois ele é um membro importante para a mesma. O objetivo seria trazer todos de volta para o barco, para que possam então continuar a remar juntos.

Um exemplo da comunidade monástica pode deixar claro que esse tipo de solução se aplica a problemas absolutamente humanos: um dos irmãos sente-se incomodado porque o seu irmão na cela ao lado ouve o rádio muito alto. Conversando com ele, o irmão lhe pede que abaixe o volume, pois com esse barulho ele não consegue meditar, nem mesmo ler tranquilamente. O outro, no entanto, não lhe dá atenção; acredita que o rádio não está assim tão alto. E diz que se esforça em respeito ao irmão. Mas a conversa não traz muito resultado. O rádio continua tão alto quanto antes. Nesse caso, é sensato tentar uma conversa na presença de mais duas pessoas, a fim de buscar resolver o conflito. Essas duas pessoas devem então ouvir os argumentos das duas partes. Elas lhes perguntam o que poderia ajudá-los, o que cada um espera do outro irmão. E então as duas testemunhas podem fazer sugestões para se resolver o conflito. Talvez fosse o caso de comprar fones de ouvido para o irmão que ouve o rádio em alto volume. Ou então eles poderiam combinar os horários em que o rádio precisaria estar desligado. Se mesmo assim não há consenso, o caso não será levado a toda comunidade, mas pedir-se-á ajuda ao abade para que ele tome uma decisão no sentido de resolver o conflito. Excluí-lo da comunidade unicamente em razão de um comportamento como esse, naturalmente, não seria possível. Mas o irmão ao menos é pressionado para que tome a questão com seriedade e mude o seu comportamento. São Bento, a propósito, cita por duas vezes esse trecho em suas regras. Evidentemente, a palavra de Jesus é um caminho importante para se resolver conflitos na comunidade.

Em empresas, quando entre pessoas ou grupos há conflitos que não conseguem ser solucionados, há a intermediação de moderadores. Essa medida poderia ser entendida como continuação da prática sugerida por Jesus no Evangelho de Mateus. O moderador cuida para que cada uma das partes no conflito possa apresentar e defender o seu ponto de vista. Ele mesmo não julga, tampouco toma qualquer decisão, apenas garante que se obedeçam às regras do jogo. É necessário que as próprias partes no conflito cheguem a um acordo. Para o moderador, o importante é que ele não se deixe usar por nenhuma das partes no conflito, mas sim apenas atente para a imparcialidade na discussão. Se ele mesmo impusesse uma solução, ela acarretaria novos conflitos. Se as partes no conflito chegam a um acordo, o moderador deve então fazer com que assim seja feito e o compromisso seja mantido. É conveniente estabelecer um prazo dentro do qual será verificado se aquela solução tem sido respeitada por todos e se todos a aceitam bem.

A intermediação de moderadores é uma medida sensata não apenas no caso de conflitos propriamente ditos. Em nossa abadia, a reunião do conselho dos decanos ou as conversas nas convenções são sempre conduzidas por um moderador, e não por um abade ou um gerente administrativo. Pois quando o abade ou o gerente administrativo, interessados em fazer valer o seu projeto, conduzem a reunião, eles não são objetivos. Não dão voz suficientemente aos outros participantes. Isso também se aplica ao chefe de uma empresa. Se ele for conversar com as lideranças a respeito de estratégias futuras, ele não deve ser o condutor dessa reunião. Caso contrário, não haveria uma discussão livre sobre o assunto. A discussão seria conduzida de modo que ele pudesse fazer valer os seus objetivos. Se ela for conduzida por um moderador mais neutro, o conflito que envolverá cada um, uma vez adotada aquela nova estratégia, poderá ser tratado de uma forma mais clara. E assim é possível conversar mais objetivamente sobre os prós e os contras da questão. É claro que o chefe deve poder defender a sua estratégia. Mas é necessária a presença de um moderador neutro, para que assim a discussão possa ser conduzida de forma livre e aberta.

Um papel diferente do moderador na solução de conflitos é o do conciliador. Este geralmente será solicitado quando ambas as partes do conflito não puderem chegar a um acordo. Isso é muito comum no caso de dissídios coletivos. Também no conflito em torno do projeto *Stuttgart 21*[2], no qual as partes se enfrentavam sem perspectivas de conciliação, acabou-se decidindo finalmente pela intermediação de um conciliador. As duas partes escolhem juntas o conciliador. E, com isso, se comprometem a acatar a sua sentença. Nem sempre isso dá certo. Por vezes, a discussão ainda persiste. Mas isso significa, então, que não foram respeitadas as regras do jogo; pois quando as partes determinam um conciliador, fica decidido entre elas o compromisso de que a sentença do conciliador para a solução do conflito será válida e que ambas as partes a respeitarão.

Solução de conflitos através do perdão

Para as comunidades cristãs há um fator a mais: a precondição mais importante para que uma comunidade como essa tenha êxito é o perdão sem limites. Pedro acredita já ter sido magnânimo quando, ao perguntar a Jesus quantas vezes ele deveria perdoar, ainda complementa: "Até sete vezes?" (18,21). Entre os judeus, era comum que um irmão perdoasse a uma pessoa duas a três vezes, quando ela pecava contra ele. Pedro está perfeitamente preparado para superar os fari-

---

2. Projeto de transporte e renovação na cidade de Stuttgart que ocasionou forte reação da sociedade civil em razão dos danos ambientais decorrentes de sua construção [N.T.].

seus com sua predisposição em perdoar. Contudo, Jesus lhe aponta o perdão sem limites. Também é possível que Pedro não quisesse saber quantas vezes ele deveria perdoar, mas sim se o seu perdão deveria ser absoluto; o número sete também pode ser entendido como o número da perfeição. Mas eis que, definitivamente, a resposta de Jesus "não te digo até sete vezes, mas até setenta vezes sete" (cf. Mt 18,22) espera de Pedro "o perdão mais absolutamente absoluto, infinitamente infinito, inúmeras vezes repetido". Para Jesus, o que está em primeiro lugar é a infinitude do perdão. Ela vale inicialmente para o número; mas, por outro lado, também para a qualidade do perdão. O perdão deve ser absoluto, deve se dar com todo o coração, e não só com a vontade. Ele deve alcançar as profundezas do inconsciente. E ele será pleno se tiver parte no perdão divino.

Há conflitos que não podem ser solucionados se as duas partes não estiverem dispostas a perdoar, se elas não abandonarem as antigas mágoas, se não as enterrarem, por assim dizer. Isso vale, sobretudo, para a relação entre duas pessoas. Um casamento só pode ter êxito se ambas as partes estiverem dispostas a se perdoarem, uma a outra, repetidas vezes. Caso contrário, utilizarão constantemente a mágoa que sentem com relação ao outro para justificar o fato de nunca enfrentarem os conflitos. E um acusará constantemente o outro de ser o culpado de tudo, em razão do seu mau comportamento, e o obrigará a passar a vida inteira vestindo o hábito da penitência. Isso, no entanto, é a morte de uma relação a dois. Se eu não estiver disposto a perdoar o outro, acabo também não permitindo que eu mesmo seja criticado pelo outro. Pois nesse caso entra em ação o mecanismo: "É você quem tem que se explicar. Naquela ocasião você me magoou tanto". Ou então eu vivo com a constante acusação: "Você tem culpa. Você disse palavras horríveis. Você me decepcionou porque não cumpriu o que prometeu". E eu então fico esperando apenas que o outro se desculpe. Mas, na maioria das vezes, não é tão evidente quem feriu quem. Ambas as partes no conflito têm alguma coisa a perdoar. Um parceiro precisa perdoar o outro por este ter lhe magoado. O outro precisa perdoar pelo fato de seu parceiro o recusar e o excluir, em razão da sua mágoa, pelo fato de ele lhe tomar toda e qualquer chance de um recomeço. Ele praticamente o obriga a se desculpar o tempo inteiro pela mágoa que lhe foi causada um dia.

A questão é como alcançar um perdão de tal qualidade, capaz de por fim a um conflito. A meu ver, há cinco passos nesse sentido.

Primeiro: eu devo me permitir a dor. Eu não devo, portanto, desculpar apressadamente a ferida causada pelo outro, ou ignorá-la. Dói em mim o modo como o outro me trata.

Segundo: eu preciso da raiva para me distanciar do outro internamente. Se eu permaneço muito tempo sentindo as minhas feridas, não sou capaz de perdoar. Pois assim o outro acaba tendo poder sobre mim. Eu preciso de uma distância interna para poder perdoar o outro. E eu preciso da raiva para entrar em contato com a minha própria força. A pessoa magoada sente-se em geral impotente. Perceber a sua raiva é o primeiro passo para sentir novamente a si mesmo e a sua própria força.

Terceiro: eu procuro olhar com objetividade aquilo que se passou. Como se deu o conflito? O quê me feriu tanto? Foi um mal-entendido? Ou houve outras coisas que interferiram que nada têm a ver com a discussão propriamente? Terá o outro me magoado porque ele se sente inferiorizado? Ou teria ele projetado ali a sua própria frustração ou mágoas da infância? Eu procuro entender o que se passou. Apenas quando eu consigo entender o conflito sou capaz de perceber o meu papel no conflito. E esse perceber-me é a precondição para que eu possa solucionar o conflito.

Quarto: eu perdoo a outra pessoa e me liberto da energia negativa que surgiu em mim por meio dessa mágoa. O perdão faz bem a mim mesmo. Ele me purifica das forças negativas do outro. E assim o perdão significa que eu deixo com a outra pessoa o seu comportamento agressivo. Se eu não perdoo, permaneço atado a outra pessoa e ela tem poder sobre mim. O perdão me liberta do poder do outro, ele desata o nó que me prende a ele. E assim eu posso, em liberdade, seguir o meu caminho. Perdoar não significa lançar-se imediatamente aos braços da outra pessoa. É perfeitamente possível que a minha alma se sinta tão abalada que ela de fato perdoa, mas ainda não pode suportar a proximidade do outro. Nesse caso, eu devo refletir sobre como eu posso, depois do perdão, reconstituir minha relação com ele. Ela pode ser marcada por um distanciamento maior. É possível também, no entanto, que surja uma relação mais sincera e mais aberta. Perdoar não significa necessariamente que eu esqueço o passado, mas que eu estou livre daquilo que aconteceu, que isso não determina mais o meu comportamento e meus sentimentos, que eu sou capaz de deixar isso para trás ou para o outro.

Quinto: seria, então, transformar a ferida em pérola. Isso significa: do conflito também pode surgir alguma coisa boa. Podemos encontrar uma nova solução, descobrir uma nova base para o nosso convívio. E o conflito me coloca em contato com a minha própria verdade e minhas próprias capacidades. Através da ferida eu desabrocho para o meu verdadeiro *eu* e para minhas possibilidades em minha alma, e o conflito me faz mais humilde. Ele me revela o meu lado sombrio. E eu aprendo a aceitar o outro com sua parte sensível. Eu não lhe faço nenhuma acusação, e também não acuso a mim mesmo. Nós desabrochamos sempre mais um para o outro. E assim o amor cresce através do conflito e abraça tudo o que há em mim e no outro.

Quando em uma comunidade – seja a família, uma paróquia ou uma empresa – não nos perdoamos uns aos outros, vivemos o tempo inteiro nos acusando mutuamente por nossos erros, e somos tomados por um permanente ajuste de contas: Quem magoou mais o outro? Quem é mais culpado no conflito? Esse ajuste de contas não leva a solução alguma. E a pessoa então vai colecionando mágoas como quem conta pontos para um dia poder cobrar e revidar. Com uma mentalidade assim, ao final acabam todos diante de uma montanha de ressentimentos que vai se tornando cada vez maior.

Paralelamente a esse ajuste de contas, também há depois o mecanismo da retaliação: nós retaliamos o outro pelo mal que ele nos fez, fazendo-lhe o mesmo. Essa atitude apenas envenena mais e mais a atmosfera. Extrapolamos na tentativa de ferirmos ainda mais um ao outro. Em muitas empresas, é expressivo esse mecanismo de retaliação. Um erro cometido por um departamento é muito bem registrado pelo outro. E este então pagará na mesma moeda. Espera-se apenas até o dia de acertar as contas dessa dívida – formada por antigos ressentimentos. O perdão é um caminho importante no enfrentamento de ressentimentos e conflitos dentro de um grupo.

O perdão deve acontecer de forma apropriada. Um chefe teve, em uma ocasião, um conflito com a sua secretária e queria resolvê-lo. Ele havia lhe feito duras críticas e ela se fechou completamente. Ele então queria lhe dizer que sentia muito pelas suas palavras duras, mas também esclarecer a ela onde estavam as dificuldades, qual o comportamento dela que por vezes o aborrecia. Ele queria, portanto, abrir novos caminhos para o convívio mútuo. No meio da conversa, a secretária, entretanto, lhe diz: "Tudo bem, eu o perdoo em nome de Jesus". Isso foi para o chefe o mesmo que um tapa na cara. Pois era evidente que a secretária não via problema algum em si mesma, ou no seu comportamento, e atribuía toda a culpa ao chefe. E, em sua generosidade, ela o perdoava – após imputar-lhe claramente toda a culpa. Um perdão como esse não resolve conflito algum. Perdoar significa que, antes de mais nada, eu esclareço a situação que conduz àquele comportamento inadequado. Só a partir do momento que cada um admitir a sua parte de culpa é possível que se perdoe um ao outro e se esclareça a situação. Se em minha disposição para perdoar eu atribuo toda a culpa ao outro, eu então me coloco acima dele. E isso certamente não é o que Jesus entende por perdão. O perdão, muito mais do que isso, deve possibilitar uma nova condição na relação entre as duas pessoas, uma condição de igualdade.

Rompendo com os mecanismos de retaliação

Continuamente lemos nos jornais a respeito de conflitos, guerras entre os povos, dissídios coletivos, conflitos entre partidos e entre partidos de coalizão. E há os muitos conflitos que volta e meia surgem entre os diferentes grupos da população – conflitos de interesses, conflitos distributivos, conflitos de poder. E, na maioria das vezes, aqueles que supostamente são os mais fortes procuram solucionar o conflito fazendo uso da força; tanto quanto possível, fazendo uso do poder. Mas quanto mais eu faço uso do poder para solucionar um conflito, tanto mais forte será a resistência. Quanto mais eu recorro à violência, tanto mais reações violentas eu incito. Instaura-se assim um círculo vicioso de violência. É o que mostra, por exemplo, o conflito de décadas entre israelenses e palestinos ou o conflito entre católicos e protestantes na Irlanda do Norte. Somente quando as partes no conflito rompem com as represálias torna-se possível uma solução para o conflito.

No Sermão da Montanha, Jesus nos mostra um modo criativo de fugir a esse círculo vicioso. Ele nos aponta caminhos inteligentes pelos quais podemos lidar com alguém que nos tenha magoado. Jesus não estabelece regra alguma nesse sentido, mas mostra através de exemplos concretos como sair de um mecanismo de retaliação e ajuste de contas.

Quatro exemplos mostram como devemos lidar com conflitos de um modo criativo.

Primeiro: geralmente entramos logo com um processo contra alguém que nos tenha magoado. Queremos de todo modo que nos seja feita justiça. Jesus nos sugere que não encaminhemos processo algum. Assim devem ser entendidas as palavras traduzidas geralmente na forma: "Não resistais ao mal" (Mt 5,39). Se nós nos reconhecemos como pessoas amadas por Deus, não temos a necessidade de provar a todos que estamos com a razão. Não precisamos brigar por nosso direito. Expor com absoluta tranquilidade aquilo que nos parece o certo é muito mais sensato. Pois se em um conflito insistirmos apenas em nosso direito, o outro continuará lutando pelo que reivindica. E ao final haverá apenas vencedores e perdedores. Um estará certo, o outro errado. O direito à vida, que nos é dado por Deus, é maior do que estar no seu direito perante os outros. Se eu tenho o direito de ser assim como sou, permito o mesmo também ao outro. E disso faz parte também o direito de ter outra opinião.

Segundo: "Se alguém te ferir a face direita, oferece-lhe também a outra" (Mt 5,39). Bater na face, para os judeus, é menos um sinal de violência do que de desonra. Não se bate com a palma da mão, mas sim com o dorso. Não se trata propriamente de um tapa, mas de um toque com o dorso da mão que quer dizer: "Mas quem é você? Eu te desprezo". Quem tem consciência de que é honrado por Deus não tem necessidade de se preocupar com a sua honra. O outro não tem a menor possibilidade de me desonrar, pois eu tenho uma honra dentro de mim a qual ninguém pode me tomar, de modo que eu não preciso constantemente lutar pela minha honra. A honra está em mim, ninguém pode tirá-la de mim. A atitude que Jesus espera de nós não é um sinal de fraqueza, mas de fortaleza. Aquele que é forte e repousa dentro de si mesmo não tem medo das palavras desonrosas vindas de outras pessoas. Ele deixa inseguro aquele que quer desonrá-lo. E talvez ele dê ao outro a possibilidade de vislumbrar a sua própria dignidade. Como ele não tem como tomar a minha, começa a acreditar na sua própria honra.

Terceiro: "E, ao que quiser pleitear contigo, e tirar-te a túnica, larga-lhe também a capa" (Mt 5,40). A própria capa era algo que entre os judeus ninguém podia pleitear em juízo. Pois eu preciso dela para me aquecer na noite fria. Jesus quer dizer com isso: aquele que sabe que está protegido por Deus pode, ele mesmo, abrir mão da capa que serviria para protegê-lo do frio durante a noite. Consciente de estar protegido, sou capaz de entregar-me à discussão sem qualquer proteção. Não tenho a necessidade de me entrincheirar em quaisquer princípios lógicos. Estou aberto para o que surgir na discussão. Não me escondo atrás de minha capa grossa, atrás de meu papel, atrás de minha máscara. Eu me mostro ao outro como eu sou. Só assim pode se dar uma conversa. Só assim pode se dar um encontro.

Quarto: "E, se alguém vem obrigar-te a andar mil passos com ele, anda dois mil" (Mt 5,41). Os soldados romanos de ocupação tinham na ocasião o direito de obrigar qualquer judeu a caminhar uma milha com ele, fosse como indicador de caminhos ou como transportador de carga. Muitos judeus faziam cumprir esse direito dos soldados apenas muito a contragosto. E com isso crescia o seu ódio contra os romanos. Jesus recomenda andar duas milhas com os soldados romanos ao invés de apenas uma. Assim posso conquistá-lo como amigo. Ele não é meu inimigo. Eu vou com ele, permito-me estar em sua companhia. E posso assim conquistá-lo para mim. E eu mesmo me sinto melhor com isso. O inimigo se torna meu amigo. Isso também é menos desgastante para mim, e me faz bem abandonar a inimizade e transformar o inimigo em meu amigo. Também na última grande guerra acontecia inúmeras vezes de, apesar da inimizade de guerra, surgirem amizades entre pessoas, amizade entre ocupantes e ocupados, entre os presos e seus guardas, entre trabalhadores forçados e seus patrões. Essas amizades tornaram mais fácil o convívio entre os povos depois da guerra. Durante a guerra, meu pai convidava trabalhadores russos e poloneses, forçados a fazer os reparos nas casas danificadas nas ruas vizinhas, para almoçar em casa. Ali nasceram amizades. Aquelas pessoas o recompensaram. Após a guerra, nossa casa era a única que não havia sido saqueada.

O que Jesus nos mostrou concretamente nesses quatro exemplos Ele resume depois nas palavras: "Amai a vossos inimigos, bendizei os que vos maldizem, fazei bem aos que vos odeiam, e orai pelos que vos maltratam e vos perseguem" (Mt 5,44). Em Lucas, o trecho correspondente diz: "Amai a vossos inimigos, fazei bem aos que vos odeiam, bendizei os que vos maldizem, e orai pelos que vos caluniam" (Lc 6,27-28). Através do amor sou capaz de superar a inimizade. Encontro soluções criativas para um conflito. Eu evito que meus oponentes no conflito se transformem em inimigos ferozes.

Três modos de agir expressam esse amor

Primeiro: eu devo orar por aquele que me persegue, aquele que me magoa. Em oração, eu me protejo da dor que me foi causada pelo outro. Eu reajo ativamente perante aquele que me entristeceu. E em oração eu adquiro um novo olhar sobre ele. Eu não vejo nele apenas o inimigo, mas sim uma pessoa que precisa de ajuda, que está ávida por estar em paz consigo mesma.

Segundo: devo tratar bem aqueles que me tratam mal, lidar bem com eles, ainda que eles sejam injustos comigo. Assim eu lhes dou espaço para que possam refletir sobre o seu comportamento e eventualmente mudá-lo.

Terceiro: devo abençoar aqueles que falam mal de mim. Abençoar significa: falar bem deles, desejar-lhes o bem. Nos cursos, às vezes faço este exercício: imagino aquela pessoa que me magoou, que fala mal de mim, que luta contra mim, a pessoa com quem eu tenho um conflito no momento. E então eu ergo as minhas mãos em gesto de bênção e deixo que a bênção de Deus seja derramada sobre essa pessoa através de minhas mãos. Os integrantes do curso que fizeram esse exercício contam que isso lhes fez bem. Eles sentiram essa bênção como um escudo de proteção que os protege da energia negativa do outro. E sentiram a bênção como algo produtivo. Eles abandonaram o papel de vítima em que se encontravam anteriormente desde aquela mágoa e passaram a reagir de forma ativa diante dela. Eles conseguiam agora encarar de outro modo aquela pessoa. Não se tratava mais de um inimigo, mas de alguém que tinha a bênção de Deus. E passaram a ter a esperança de que essa pessoa, com a bênção de Deus, entraria em contato consigo mesma e encontraria então a paz dentro de si. Quando essa pessoa estiver em harmonia consigo mesma, não precisará mais de sua atitude negativa. Uma vez que essa pessoa está imbuída dessa bênção, eu já não a determino unicamente a partir de seu comportamento ruim, mas lhe dou espaço para que ela possa também entrar em contato com a boa semente que há dentro dela. Eu ao menos passo a vê-la de outra forma. Eu abandono as imagens negativas que tenho dessa pessoa, surgidas pela mágoa que ela me causou. E eu confio que ela demonstrará, mesmo diante de mim, o bem que também existe dentro dela.

De modo que para Jesus é o amor que, afinal, conduz a soluções criativas, é ele que nos tira de situações que, em caso de conflitos, nos parecem não ter saída, situações com as quais acabamos nos deparando porque cada um insiste sempre em permanecer no seu ponto de vista. A sua exigência de amor ao inimigo não é pedir demais, é um caminho criativo para se solucionar conflitos. Faz bem se, em meio a um terrível conflito, eu me lembrar sempre que Deus ama os meus adversários. E eu mesmo devo também tentar amá-los como irmãos e irmãs de Jesus Cristo. E nesse exercício, a imagem que Jesus apresenta aos seus discípulos no Evangelho de Mateus pode ajudar: Deus "faz que o seu sol se levante sobre maus e bons, e a chuva desça sobre justos e injustos" (Mt 5,45). Se eu mantenho clara essa imagem diante de mim, os meus oponentes deixam de ser inimigos ameaçadores e passam a ser pessoas que têm também a benevolência de Deus, pessoas para as quais o sol brilha tanto quanto para mim, e sobre cujos campos cai a chuva divina do mesmo modo que cai sobre o meu. Isso geralmente faz com que se dissolvam as frentes de combate e o convívio se torne possível.

Eu gostaria de mostrar, com um exemplo, como soluções criativas como essas recomendadas por Jesus são possíveis também nos dias de hoje. Numa grande empresa, um dos pavilhões tinha sido tomado pelo fogo. Nesse pavilhão havia peças a ser finalizadas para que então pudessem ser entregues dentro do prazo estipulado. Os empregados da empresa viam o incêndio do pavilhão como bem-vinda oportunidade para descansar. Afinal, eles não podiam mesmo continuar o trabalho. Essa foi a reação deles ao comportamento da direção, que se importava unicamente com os números e não construía qualquer relação verdadeira com os empregados. A direção não conseguia, através de apelos morais, resolver o conflito entre a sua obrigação de fazer a entrega das peças prontas e a hesitação dos trabalhadores diante do incêndio. Todas as palavras bem-intencionadas apenas geravam uma resistência ainda maior. Eis que então um dos supervisores falou aos empregados, contando-lhes o seu próprio dilema: que ele tinha de entregar aquelas peças. Ele perguntou aos trabalhadores: "Como vocês acham que seria possível finalizar essas peças? Vocês veem alguma possibilidade?" Os empregados puderam sentir que aquele supervisor os respeitava e tinha boa vontade com eles. Isso não significa outra coisa senão que ele os amava. Essa atitude positiva do supervisor levou os trabalhadores em questão a encontrarem soluções criativas. Eles pensaram juntos no que poderiam fazer. E puderam então finalizar todas as peças dentro do prazo. Os trabalhadores percebem se eu gosto mesmo deles ou não. Se eu não lhes tenho amor, também não tenho a menor possibilidade de encontrar uma solução criativa com eles.

A solução de conflitos por meio do distanciamento

No Evangelho de Lucas, Jesus mostra um caminho peculiar para a solução de conflitos. Suas palavras nos soam estranhas. Pois não conseguimos associá-las à imagem do Jesus edificador da paz. Jesus diz: "Cuidais vós que vim trazer paz à terra? Não, vos digo, mas antes separação. Porque daqui em diante estarão cinco divididos numa casa: três contra dois, e dois contra três. O pai estará dividido contra o filho, e o filho contra o pai; a mãe contra a filha, e a filha contra a mãe; a sogra contra sua nora, e a nora contra sua sogra" (Lc 12,51-53).

Jesus não pretende, com essas palavras, justificar a discórdia familiar. Naquela época, era muito estreita a ligação familiar. Havia vantagens nisso, pois era garantia de segurança. Mas, ao mesmo tempo, essa ligação podia ser restritiva e paralisante quando o indivíduo mal podia seguir o seu próprio caminho. Quando as pessoas são muito apegadas umas às outras, verdadeiramente não há paz. Uma simbiose como essa é capaz de tomar do indivíduo até mesmo o espaço para respirar, a ponto de ele não poder pensar e sentir com liberdade. Tudo o que ele pensa e sente é influenciado pelo outro. A psicologia fala disso como personalidades "confluentes", as quais não estabelecem fronteira com o outro. São absolutamente dependentes dos outros nos seus pensamentos e sentimentos, não têm um posicionamento próprio, fundem-se com os outros. Numa situação como essa, Jesus prefere trazer divisão. Em Mateus, de um trecho similar consta até mesmo: "espada" (Mt 10,34). A espada separa as pessoas umas das outras. Ela gera fronteiras entre os indivíduos. E essa separação é necessária para que eles possam viver, uns com os outros, verdadeiramente em paz. Algo diferente disso não passa de paz aparente. Não se trata de paz entre pessoas livres, mas sim uma massa unificada que não gera energia alguma. Cada um precisa andar sobre os próprios pés. Só então a pessoa é capaz de um encontro verdadeiro com o outro e de estar em paz consigo mesma. Enquanto ela não andar sobre os próprios pés, não há possibilidade de uma relação verdadeira. Estarão todos meramente grudados um ao outro.

O filho tem que se tornar essa pessoa única, do modo como Deus o criou. Ele não pode se definir unicamente como o filho de seu pai. Ele precisa se libertar dessa simbiose para poder ser ele mesmo, inteiramente. Só então poderá estabelecer uma boa relação com o pai e ser grato pelas raízes que este representa para ele. O Livro de Tobias expressou essa questão com a imagem do fel do peixe: Tobias derrama o fel nos olhos de seu pai cego, Tobit. O pai esfrega seus olhos doloridos, e deles sai então a membrana que o cegava. Ele pode ver novamente e abraça o filho. O fel representa a agressividade. O filho precisa da agressividade para se distanciar de seu pai. Quando ele tiver encontrado a si mesmo poderá abraçar o seu pai e começar uma boa relação com ele. Também a filha tem de se libertar da simbiose para poder realizar o seu próprio modo de ser mulher. Apenas quando ela for independente será capaz de respeitar também as raízes que lhe foram dadas pela mãe.

Jesus traz ainda o exemplo da sogra e da nora. Já naquela época havia, evidentemente, problemas nessa relação. Em geral, a razão dos conflitos entre as duas é o fato de que uma tem da outra uma ideia bem-determinada. A sogra não entende a nora por esta pensar e sentir de forma diferente dela. E a nora não pode suportar a sogra pelo fato de ela ser tão diferente de sua mãe. A ideia que uma faz da outra é a verdadeira causa de seus problemas. Por essa razão, a solução do conflito consiste em abandonar essas imagens que se tem do outro e deixar que ele seja como realmente é. A sogra tem o direito de ser como é. Do mesmo modo que a nora. Se ambas se libertarem dessa ideia que fazem uma da outra, elas poderão finalmente fazer valer o que elas realmente são. Então será possível um bom convívio entre elas. Mas para isso é "necessário o uso da espada" para desvincular essas pessoas dessas imagens que um dia as determinaram e as colocaram dentro de uma gaveta.

Assim, essas palavras de Jesus também ajudam nos casos dos muitos conflitos em família motivados pelo fato de que seus membros ainda não encontraram o seu próprio lugar. Certa vez uma mulher se queixava comigo a respeito de sua mãe, que depositava nela demasiadas expectativas e desejos. Ela simplesmente não podia corresponder àquelas expectativas. Por essa razão, toda visita à sua mãe a deixava agressiva. Perguntei a ela: "Por que você fica agressiva com sua mãe? Ela tem o direito de ter expectativas sobre você. Mas é sua a decisão e a responsabilidade de saber o quanto você gostaria de corresponder a essas expectativas". A filha ainda era internamente muito apegada à mãe. Ela queria ser sempre a filha amável e compreensiva. Não sou capaz dessas duas coisas: viver a minha liberdade e ao mesmo tempo realizar o ideal que minha mãe faz de mim. Esse ideal me limita. Eu preciso romper isso com a espada. Então eu poderei verdadeiramente estar com minha mãe; poderei refletir em liberdade, como a filha livre que sou, como eu vou lidar com minha mãe e suas expectativas.

Podemos relacionar essa situação descrita por Jesus também com outros grupos, com a empresa, com a comunidade paroquial, com uma associação. Sempre que as pessoas estão muito amarradas umas às outras não há possibilidade de uma solução clara para um conflito. A rede de relações é em geral tão estreita e complicada que não é possível tratar claramente dos assuntos. Muitas vezes, as relações estreitas dentro de uma empresa se dão por baixo da superfície. Não são perceptíveis. Mas não é raro que os conflitos sejam impossíveis de ser solucionados justamente pelo fato de haver por baixo da superfície tantos envolvimentos escusos. A cada colaboração ou sugestão para se solucionar um problema, as diferentes relações acabam interferindo. Ao colocar a sua opinião, as pessoas se sentem comprometidas com esse ou aquele. Não se pode verdadeiramente expor a própria opinião porque é preciso considerar alguma outra pessoa. Nesse caso se faz necessário, antes de tudo, o uso da espada, que irá romper essa trama e permitir que cada um tenha o seu próprio posicionamento. Somente quando cada um puder andar sobre seus próprios pés poderá falar com o outro em condição de igualdade. E somente então poderá colaborar objetivamente na solução de um conflito. Enquanto esses grilhões, que diversas pessoas lhe ataram aos pés, ali permanecerem, não se poderá pensar livremente, não se poderá sair do lugar. Aquele que não pode se manter de pé também não poderá se colocar perante o outro. Ele se sente acorrentado, e assim também não há como encontrar uma solução.

Na pesquisa sobre conflitos diferenciam-se os conflitos que envolvem questões objetivas dos conflitos que envolvem questões de relacionamento. Os conflitos objetivos são, em geral, fáceis de resolver. Conflitos de relacionamento requerem muita cautela para serem solucionados. O problema, no entanto, é que os conflitos de relacionamento e os conflitos objetivos estão muitas vezes interligados. E então acontece, por exemplo, de o rapaz da equipe, já por princípio, ser sempre contra a proposta vinda daquele outro membro da equipe, pelo simples fato de não poder suportá-lo. Ou ele não pode suportar o fato de darem mais atenção ao outro do que a ele mesmo. Trata-se de rivalidade, ou aversão, ou às vezes também uma ligação pessoal positiva. Alguém quer dar sempre razão a uma moça da equipe e sempre defendê-la, por querer lhe causar uma boa impressão, por sentir internamente simpatia por ela ou mesmo pela existência de amizade entre eles. Ou se quer dar razão a um colega pelo fato de o pai dele ter uma boa relação com o seu próprio pai, ou porque se tem medo de que o seu pai possa usar o seu poder contra alguém. E assim não se tem olhos para o problema em si, mas apenas para o universo das relações. Mas esse universo das relações não é colocado às claras. Assim como no caso das relações simbióticas ou de personalidades "confluentes", é muito difícil perceber, a partir dos argumentos de uma pessoa, de que plano ou universo ela está falando naquele momento. Trata-se realmente do problema em questão, ou se trata de conflitos de relacionamento, inconscientes e nada claros? Como dissemos, os conflitos que envolvem relacionamentos são geralmente difíceis de ser solucionados. O primeiro passo para uma solução objetiva para esse tipo de conflito consiste, entretanto, em isolar os membros da equipe ou as partes no conflito, para que cada um fale por si só. E para isso se faz necessária a espada da cisão, a qual coloca cada um apoiado apenas sobre si mesmo e o liberta das trepadeiras que até então vinham lhe tolhendo os movimentos por trás das aparências da argumentação. Muitas vezes essas amarras não são visíveis ou são pouco evidentes. Não se percebe como elas se dão exatamente. E nesse caso é preciso recorrer à espada, para tirar dali a trepadeira. Só então é possível conversar objetivamente e tratar propriamente da solução do conflito.

No tempo em que, por mais de 30 anos, fui celeireiro, isto é, o administrador do mosteiro, e era então o responsável pela construção de nossa ala de hóspedes, nós conversávamos muito em equipe: com os superiores, os anfitriões e as mulheres que trabalhavam na casa. Na escolha das cortinas, demorou mais tempo até que chegássemos a um acordo. Eu disse ao representante da fábrica de cortinas: "Aqui às vezes as coisas tomam um pouco mais de tempo, infelizmente". E então ele disse: "Não há problema algum. Quando eu apresento as cortinas no convento das freiras, noto em geral o seguinte: a irmã aguarda até que a superiora diga qual cortina ela quer. E todas as vezes a irmã se coloca absolutamente contra aquela escolha e apresenta uma série de argumentos explicando por que não está de acordo. Mas, na verdade, ela não é contra aquela cortina, mas contra a proposta da superiora". Esse velho representante da empresa de cortinas tinha evidentemente muita experiência em negociações e era capaz de enxergar a rede de relacionamentos que geralmente imperam dentro dos grupos. É claro, no entanto, que isso não é, de modo algum, algo que se passa apenas no convento de freiras; coisa semelhante também acontece entre os monges e nas empresas, em muitas ocasiões de decisões e conflitos. As pessoas não se concentram em argumentos objetivos; querem, em vez disso, irritar ou prejudicar o outro com a sua insistência em uma opinião. Por isso é importante que, na resolução de um conflito, sejam observados não apenas os argumentos objetivos, mas também o que se passa naquele momento dentro daquele grupo, quais emoções afloram aqui e ali, por baixo da superfície das argumentações, e que espécie de rede complicada de relacionamentos possivelmente vem à tona nessas ocasiões.

A solução de conflitos pelo acordo de paz

Em uma pequena parábola Jesus indica um caminho pelo qual dois grupos inimigos podem chegar a um acordo de paz: "Ou qual é o rei que, indo à guerra pelejar contra outro rei, não se assenta primeiro e toma conselho sobre se com dez mil pode sair de encontro ao que vem contra ele com vinte mil? De outra maneira, estando o outro ainda longe, manda embaixadores e pede condições de paz" (Lc 14,31-32).

É possível interpretar essa parábola no plano subjetivo. Isso significaria que eu não luto contra os meus adversários internos como o medo, a inveja, a raiva, o ciúme, a depressão, mas entro em acordo com eles. E posso fazer de meus inimigos meus amigos; meus adversários internos fortalecerão as minhas forças. O medo me aponta as novas possibilidades existentes em mim; a inveja me convida a descobrir as minhas próprias capacidades, ao invés de viver me comparando com os outros; o ciúme me mostra o quanto é forte o meu amor – uma vez que eu reconheço o meu ciúme, posso ao mesmo tempo abandoná-lo e estar grato pelo meu amor; e a depressão quer saber de mim onde é que estou me sobrecarregando. Para mim, essa parábola tornou-se muito importante. Quando aos 19 anos eu entrei no mosteiro, pensava que poderia, com os "meus mil soldados", com a minha força de vontade, com minha disciplina, com minha ascese, aniquilar todos os meus inimigos. Mas eis que eu caí em mim, bruscamente. E ficou claro para mim que a única coisa que eu posso fazer é me reconciliar com o meu medo, a minha fragilidade, com a minha pouca autoconfiança. A reconciliação permitiu que eu amadurecesse. Se eu tivesse continuado a lutar contra meus inimigos internos teria deixado presa toda a minha energia nessa disputa interna, e minha vida jamais teria sido frutífera para os outros. Os inimigos em mim, que se tornaram meus amigos, enriqueceram a minha vida e permitiram que ela se tornasse também fecunda para os outros.

Mas eu gostaria de interpretar a parábola de Jesus tendo em vista intencionalmente a solução de um conflito dentro de um grupo. Comumente vemos aquela pessoa que, em situação de conflito, defende outra opinião ou adota outra estratégia, como um inimigo contra o qual temos de lutar. Queremos vencer o inimigo; inventamos sempre novas estratégias para arrasá-lo com nossos argumentos ou forçá-lo a se curvar. Mas Jesus diz: Devemos primeiro nos sentar e analisar se isso é realista. Geralmente nós despertamos naquela pessoa contra a qual lutamos uma força contrária, e comumente a subestimamos. Essa força corresponderia aos vinte mil soldados contra os quais nós colocaríamos em ação apenas os nossos dez mil? Nós temos apenas os nossos argumentos, mas é possível que, agindo assim, estejamos despertando forças em nossos adversários num plano absolutamente diferente daquele desses nossos argumentos. E contra essas forças geralmente irracionais, nós, com nossos argumentos puramente racionais, somos impotentes. Por isso, é mais sensato primeiramente nos assentarmos e refletirmos sobre como devemos lidar com os inimigos, os adversários nesse conflito. Jesus diz que devemos – enquanto ainda estivermos a caminho, ou seja, enquanto ainda não estivermos em batalha – pensar com toda tranquilidade em como poderíamos fechar um acordo de paz com os inimigos. Devemos, portanto, negociar antes mesmo de entrar no campo de batalha, em vez de deixar que se chegue a uma dura confrontação na qual haveria finalmente apenas vencedores e perdedores.

A palavra grega correspondente à paz é *eirene*. É uma palavra que provém da música. A paz acontece quando todos os tons soam harmonicamente, os mais sonoros e os mais silenciosos, os baixos e os agudos, os claros e os escuros, as dissonâncias e as consonâncias. Essa seria uma bela imagem para a solução de um conflito: cada uma das partes no conflito tem tons diferentes. As pessoas introduzem outras vozes à conversa. Se essas vozes e esses tons pudessem ser integrados, soaria então um concerto mais bonito do que aquele em que soam apenas os meus próprios tons. Soar harmonicamente – esse seria um caminho para se chegar à paz, à solução. Esse soar harmonioso entre as partes do conflito, todavia, só pode acontecer se eu também permito que soem harmoniosamente em mim os meus tons graves e agudos. Muitas vezes torna-se difícil a solução de um conflito porque eu transfiro meu conflito interno para o conflito externo. Apenas quando estou em harmonia comigo mesmo também sou capaz de criar harmonia no convívio com o outro. Apenas quando em mim soarem todos os tons harmonicamente poderá haver uma harmonização dos diferentes tons do grupo. Aquele que é dividido por dentro dividirá também o grupo. Os outros sentem intuitivamente a minha divisão interna e assumem, então, as posições contrárias que estão também em mim. Eu preciso, antes, fazer com que dialoguem as diferentes vozes dentro de mim, para reunir minhas diferentes posições. Só assim poderá ter sucesso o diálogo com o outro.

Em latim, a palavra correspondente à paz é *pax* e provém do verbo *pascici*. Esse verbo, por sua vez, significa originalmente: negociar, conversar, chegar a um acordo, combinar alguma coisa. Em latim, a paz é entendida sempre como um acordo entre duas partes conflitantes. E esse acordo só pode ser firmado por meio do diálogo entre as partes. Nesse acordo, parto do princípio de que o outro tem o direito de pensar como ele pensa, de disputar como ele disputa. No diálogo, em primeiro lugar, eu me informo sobre o que o outro gostaria e por que ele persegue aquele objetivo. Eu não avalio o que ele deseja, antes de tudo eu o escuto com atenção. Então eu posso explicar o meu objetivo e as razões pelas quais sigo uma determinada estratégia. No diálogo, podemos então identificar se perseguimos objetivos diferentes ou se temos o mesmo objetivo, porém consideramos sensatos caminhos diferentes para se chegar a esse objetivo. Nesse caso, não se trata de um conflito de objetivos, mas sim um conflito de avaliação. E então é possível observarmos mais precisamente nossas diferentes avaliações e discutir sobre os motivos pelos quais cada um de nós avalia à sua maneira. Se nós perseguimos diferentes objetivos, seria importante escutarmos as razões pelas quais perseguimos esse ou aquele objetivo. Então podemos ponderar com tranquilidade quais as vantagens e quais as desvantagens desse ou daquele objetivo, e em até que ponto isso pode estar em concordância com a filosofia de nossa empresa. Às vezes também ocorre conflito de distribuição. O dinheiro disponível, o tempo de que se dispõe, a quantidade gerenciável de locais de trabalho são limitados. Cada uma das partes no conflito gostaria de receber o máximo possível nessa distribuição. Trata-se então de distribuir o existente da maneira mais justa possível. Nesse processo, as opiniões sobre o que seria realmente uma distribuição justa são divergentes.

Esse modo de firmar a paz, como nos é sugerido pela língua latina, difere da *pax romana*, dominante naquela época em todo o reino, sob o Imperador Augusto. Era uma paz que não se obtinha mediante negociações, mas sim pelo poder das armas, pela opressão. Porque Roma era um forte poder militar, os romanos podiam dominar e manter a paz em toda a região do Mediterrâneo. Mas essa paz mantida à força não se manteve por muito tempo. E, acima de tudo, ela estava constantemente sob ameaça; pois em todos os cantos e extremos do império havia revoltas, e logo, repetidamente, guerras e repressões violentas. Diante dessa paz forçada, Lucas nos anuncia, no nascimento de Jesus, a paz que vem de Deus e nos é dada, de forma gratuita, pelo Amor que vem se arriscar em meio às trevas. E mesmo Jesus nos mostra nessa parábola como a paz verdadeira se torna possível em nós mesmos e entre as pessoas e os povos. Lucas nos descreve Jesus como a pessoa verdadeiramente justa que vem atender ao desejo de paz dos gregos.

Amor e justiça devem estar juntos, para que um conflito possa ser solucionado. Isso vale para os conflitos nas relações amorosas. Esse tipo de conflito só será solucionado a partir do momento em que eu for justo comigo e com o outro. Se eu apenas – como na *pax romana* – forçar a paz através de meu poder, não estarei sendo justo com o outro. O poder pode se manifestar em minha capacidade de argumentação: com os meus argumentos, coloco o outro contra a parede. O poder às vezes também se expressa na chantagem emocional: "Se você não fizer assim, você me magoa. E então não posso continuar lhe amando; então não terei mais vontade de viver". Existem muitos jogos de poder com os quais forçamos uma paz aparente. Quando o parceiro cede à minha chantagem emocional, obtém-se uma paz apenas temporária. Ela não se mantém por muito tempo; em vez disso, ela se romperá novamente na próxima divergência de opiniões. Para conflitos entre casais vale o que escreve o orientador de casais Lorenz Wachinger: "Deve-se superar um conflito através de uma dedicada busca por um comprometimento que seja bom e justo; isso significa que nenhum dos dois se impõe por completo, mas está, isso sim, pronto para uma conciliação. Não ajuda em nada se ao final restarem um vencedor e um vencido, e uma das partes perder o seu prestígio; a condição de um vencedor ou de um vencido é instável por sua própria natureza, ela mudará de repente e inverterá a relação" (WACHINGER, p. 28).

Quem semeia justiça colherá a paz. Esse princípio vale também para a solução de conflitos na empresa. Se a paz é imposta, sem que eu seja justo em relação aos diversos grupos ou funcionários da empresa, não será possível uma paz duradoura. E isso vale também e sobretudo no contexto político. Quando países poderosos colocam outros sob pressão, quando não reconhecem o seu direito de autonomia, mas os ameaçam com o seu poder, não há como se obter uma paz sustentável. Hoje, os países poderosos podem oprimir e ameaçar os outros, não apenas pelo seu poderio militar, mas também pelo poder econômico. Se esses países não se sentem tratados de forma justa, não há como haver paz. Também nesse contexto, somente através de negociações, em que se faça justiça aos países fortes e fracos, é possível gerar a paz.

Se as partes em conflito não estiverem prontas para negociar, mas apenas para lutar, ambas consumirão demasiada energia nessa luta mútua. Aquele que tem apenas dez mil soldados desperdiçará energia oferecendo resistência. Ele erguerá barricadas e entrincheirar-se-á. Mas, então, não terá mais energia para soluções verdadeiras. Assim, a outra parte, com os vinte mil soldados, terá de se deparar com uma oposição obstinada, e nisso perder muita energia para romper a resistência. E mesmo que eles os vençam, os perdedores investirão tudo para sabotar o resultado ao seu modo. Já não o podem abertamente, pois estão diminuídos. Mas há caminhos suficientes para se jogar areia no motor, para não se cooperar verdadeiramente na busca de uma solução, esquecer-se de cumprir uma orientação, atrasar-se ou desenvolver quaisquer estratégias para se poder continuar a dar vazão à própria agressividade.

O diálogo pela paz tem como objetivo fazer com que ambos os reis unam os seus soldados. Então eles terão trinta mil soldados, ou seja, consideravelmente mais energia do que antes. E seu país e seu horizonte se tornam mais amplos. Esse também é o objetivo da solução do conflito. Assim, não há mais aquela condição em que se está um contra o outro, mas sim uma condição de luta em união. E o horizonte torna-se, pela paz que se firmou, mais amplo. O país fica mais amplo; as possibilidades se multiplicam. A questão é como chegamos a um acordo de paz como esse, onde não há perdedores, mas apenas vencedores, onde os inimigos se tornam amigos. Eu gostaria de mostrar alguns caminhos possíveis para essa paz e listar algumas regras para esses caminhos.

As sete regras para uma solução pacífica de conflitos

Regra 1: procure descrever exatamente onde está o ponto do conflito, do que se trata no conflito e quais os diferentes caminhos perseguidos pelas partes.

Regra 2: ouça com atenção como as partes do conflito explicam as suas posições. Não interrompa os outros quando eles estiverem expondo. Pergunte quando você não tiver entendido alguma coisa muito bem. Procure repetir aquilo que o outro disse com as suas próprias palavras, não as dele. E também procure entender essa posição. Ao escutar, não pense imediatamente nos argumentos contrários que você irá usar. Em vez disso, diga para si mesmo: o outro tem o direito de pensar assim. Eu procuro apenas imaginar quais as consequências das propostas de solução apresentadas por ele.

Regra 3: apresente claramente sua posição. É importante que você procure descrever o problema objetivamente, assim como o vê. Mas também não deixe de fora os seus sentimentos, pois não existem problemas puramente objetivos. Um conhecimento da dinâmica de grupo é: "Quem passa por cima de seus sentimentos tropeçará sobre eles". Mostre-os; caso contrário, eles virão à tona novamente em outro momento e bloquearão o diálogo.

Regra 4: não fique dando voltas no passado; busque, ao invés disso, uma solução para o futuro. Pois não é uma questão de descobrir quem é o culpado naquela situação, naquele momento. Isso apenas levaria a ataques mútuos e justificações. Pergunte, porém, sobriamente, em que ponto as diferentes partes no conflito contribuíram para a atual situação. E perguntem-se juntos como poderiam sair daquela situação.

Regra 5: deixe valer as duas posições sem avaliá-las. E então coloque a questão: Que caminhos para a solução poderiam ser considerados? Cada uma das partes é convidada a propor uma possível solução. Nesse processo, nenhuma das partes deve desistir de si ou negar a si mesma, mas também devem reconhecer como justos os anseios da outra parte. Quando ambas as partes tiverem feito as suas propostas, pode-se então discutir a respeito de quais consequências teriam essas novas propostas. E cada uma das partes no conflito deve dizer como se sente diante disso, se ela sente que foi seriamente levada em consideração ou foi ignorada. Não se trata, no entanto, de resistir teimosamente em sua posição e não se permitir nenhum acordo. Se uma das partes se mantém muito fechada é possível sugerir que os integrantes discutam outra vez internamente como eles veem a situação. Então será possível se reunir novamente e ver se houve alguma aproximação. Se não houver qualquer solução para o conflito, deve-se colocar isso abertamente e dizer: momentaneamente não temos solução alguma. Não se deve com isso atribuir a culpa a alguma das partes. É preciso reconhecer o fracasso da discussão, mas ao mesmo tempo ter esperanças de que uma solução será possível em uma próxima discussão a ser combinada.

Regra 6: se tiverem chegado juntos a uma solução, registre-se esse acordo por escrito e fique combinado que cada um respeitará aquela solução acordada. Conclua com esse registro escrito a busca pela solução do problema. Abdique de continuar considerando se alguma outra solução não teria sido melhor. Decida-se assim pela solução acordada, sem lamentar pelas outras opções. A lamentação apenas iria consumir sua energia.

Regra 7: caso tenha sido um caminho difícil até a solução, celebre-a. Isso descontrai e reúne as partes dentro de um outro contexto. Bebam juntos uma taça de champanhe e façam um brinde à solução e a um bom trabalho conjunto no futuro. Agradeça a todos os participantes por terem colaborado com a solução do problema, pois o fato de uma solução ser possível depende da disponibilidade de todos para estarem abertos uns aos outros e recuarem um pouco de sua própria posição.

Essas regras listadas aqui são praticadas com frequência. Em muitos dissídios não se chega a uma solução nas primeiras negociações. Cada parte persiste em sua posição, mas em algum momento acabam se aproximando. Quando as duas posições se mostram inconciliáveis, faz-se necessário muitas vezes um conciliador. Se as próprias partes encontraram a solução ou se o acordo se deu pela intermediação de um conciliador, o resultado geralmente é anunciado na presença de todos e também celebrado, e ambas as partes sentem-se vencedoras. Isso porque tiveram de flexibilizar um pouco suas próprias expectativas para que fosse possível uma aproximação com a outra parte.

O que acontece quando não são cumpridas essas regras é o que se podia ver nas negociações entre republicanos e democratas nas disputas orçamentárias nos Estados Unidos, antes e depois das eleições presidenciais. Tinha-se a impressão de que os partidos não almejavam o bem da nação, mas sim vencer o adversário, ainda que todo o país viesse a sofrer com isso. Essas negociações foram, portanto, um exemplo daquilo que não se deve fazer. Justamente a nação que tanto enfatiza a democracia mostrou ao mundo como é possível levar essa mesma nação à ruína quando não se está preparado para entrar em negociação com sinceridade. O acordo alcançado no último minuto não foi um comprometimento de fato, e assim esses diálogos continuarão surtindo efeito desastroso para o país, e até mesmo para todo o mundo.

12
Rituais de reconciliação

Na tradição cristã há rituais de reconciliação. Um ritual de reconciliação é, por exemplo, a própria confissão, através da qual eu vivencio a aceitação incondicional de Deus. Também há os rituais coletivos, como a confissão comunitária, na qual refletimos juntos sobre as nossas falhas e as entregamos à misericórdia divina. Também a celebração da Eucaristia é um ritual de reconciliação. Comemos e bebemos o Corpo e o Sangue de Jesus para sermos um só com Ele, e nele sermos também um só com todos os que estão presentes, fazendo a ceia conosco. Fazer a ceia significa, na tradição judaico-cristã: não ter nada contra o outro, mas sim, em comunhão, alegrar-se com aquela dádiva de Deus. Convidar alguém para cear é um ato de reconciliação com ele. E assim, Deus, que nos convida a cear com Jesus, celebra em comunhão conosco a reconciliação.

Mas existem também as formas seculares de rituais para a solução de conflitos. Eu gostaria de descrever apenas alguns exemplos.

Reconciliação entre países inimigos

A relação dos alemães, por exemplo, com a Polônia, ou com aquela que já foi sua arqui-inimiga, a França, sofreu transformações nas últimas décadas, não só através de uma política ativa, mas também através de formas simbólicas e ritualizadas de reconciliação. Willy Brandt caindo de joelhos em Varsóvia ou Helmut Kohl e François Mitterrand estendendo-se as mãos num antigo campo de batalha são fatos que entraram para a história. Mas também em outras esferas aconteceram gestos de reconciliação como esses. O príncipe de Castell, por exemplo, um cristão protestante convicto, passados cinquenta anos do fim da guerra, incentivou e realizou rituais de reconciliação nos países contra os quais a Alemanha guerreou e que muito sofreram nas mãos dos alemães. Ele partiu muitas vezes da Alemanha rumo a esses países, com um grupo de amigos cristãos, e lá convidava, por meio de amigos, um grupo de pessoas desses povos para uma missa em conjunto. Então ele se desculpava em nome dos alemães por tudo o que estes haviam feito àqueles povos. Feito isso, um representante daqueles povos falava, por sua vez, sobre o que ele sentia de culpa com relação aos alemães e também se desculpava por isso. Em seguida, partiam o pão entre si e comiam juntos. E juntos tomavam o vinho, simbolizando assim o amor divino, que ultrapassa as fronteiras entre as pessoas. O príncipe de Castell realizou esse ritual de reconciliação também entre judeus e cristãos. As pessoas que participaram do ritual ficaram muito comovidas. Ele foi até as aldeias que sofreram sob o domínio de seus antepassados e se desculpou, em nome deles, pelas injustiças cometidas. Isso possibilitou uma nova relação das pessoas dentro daquelas aldeias e uma reavaliação dos velhos conflitos que existiam inconscientemente dentro das aldeias e entre as diversas aldeias.

Mesmo quando um ritual como esse não resolve todos os conflitos entre os povos ou determinados grupos, ainda assim, ele é um sinal de esperança, trazendo dinâmica às relações entre os povos. Ele ao menos reconcilia as pessoas que fazem parte dele. Um ritual como esse funciona como uma levedura, capaz de reagir através de uma população inteira e de enchê-la desse espírito de reconciliação. Quando acontece a reconciliação em um lugar, isso também tem efeito em seu entorno. É claro que participarão desses rituais, basicamente, apenas aquelas pessoas que estão prontas para a reconciliação. Mas o ritual torna pública a reconciliação e, com isso, transforma também a sociedade.

Reconciliação entre casais

O consultor de casais e psicoterapeuta Hans Jellouschek pôde constatar a existência do que se chamam "pares que disputam". No atendimento aos casais, também é comum que sejam lembrados constantemente os velhos conflitos e mágoas que então são usados para fazer acusações ao parceiro. Para situações como essas, Jellouschek idealizou e pôs em prática alguns rituais de reconciliação. Ele propõe que esses rituais sejam feitos para encerrar o tratamento terapêutico do casal. Rituais fecham uma porta e abrem outra. Com o ritual, a porta do conflito se fecha e se abre a porta para um novo futuro. E rituais "colocam símbolos e fórmulas à disposição, que nos possibilitam expressar por meio de palavras e gestos aquilo que nós espontaneamente dificilmente dizemos ou expressamos" (JELLOUSCHEK, p. 160).

Um ritual de reconciliação como esse aplicado a casais seria mais ou menos assim: cada parceiro escreve em um papel aquilo que o magoou e em que ele acredita ter magoado o outro. Então pede perdão por aquilo que fez ao parceiro e mostra-se também pronto a perdoar. Depois deverá colocar esse pedido numa espécie de fórmula preestabelecida, por meio da qual se compromete, a partir de então, a não mais acusar o outro por aquilo que se passou, e nunca mais usar as velhas mágoas para despertar no(a) parceiro(a) sentimentos de culpa. E uma resposta a isso poderia ser esta: "Eu ouço e vejo que você reconhece que me magoou e que se lamenta por isso. Eu aceito o seu pedido, eu o perdoo, e estou pronto(a) a esquecer minha mágoa. Por isso eu lhe prometo não mais mencioná-las futuramente em discussões. Quero, livre dessa carga, começar um novo futuro junto a você" (JELLOUSCHEK, p. 167). Do mesmo modo, o outro dividirá com seu parceiro aquilo que o magoou e onde ele mesmo o teria magoado, e lhe diz estar pronto para perdoar e esquecer o que se passou. Em seguida, os dois podem celebrar a reconciliação com um ritual. Eles podem queimar juntos aquilo que escreveram, ou enterrar, plantando ali uma árvore, digamos uma árvore da reconciliação, a qual irá sempre lembrá-los da reconciliação. Ou também podem fazer juntos uma ceia simbólica. Muitas vezes, os casais convidam também uma terceira pessoa ou outros casais para participarem desse ritual de reconciliação, de modo que passe a ser um dever para os dois, a partir daquele dia, deixar para trás o passado e não mais usá-lo como arma contra o outro.

A terapia de casais pôde constatar o quão importante são os rituais de reconciliação para a sobrevivência de um casamento. Em todo o casamento surgem mágoas e mal-entendidos. Isso é algo que não se pode evitar. Mas muitas vezes acontece de um viver descontando as mágoas no outro. E isso justamente quando a culpa do outro se faz evidente. Por exemplo, em caso de infidelidade, se a outra pessoa passa a usar essa mágoa repetidamente para oprimir o parceiro. Este já assumiu abertamente sua culpa. Agora é como se o outro tivesse um trunfo nas mãos. Todas as vezes que surgir algum problema, essa culpa será lembrada e apontada para o outro. Ele já não tem direito algum de expressar o seu aborrecimento e sua frustração; precisará para sempre pagar a penitência carregando esse peso. Acontece que, desse modo, uma relação se transforma no inferno. O parceiro não é propriamente jogado numa prisão, como antigamente aconteceu, mas a prisão que inclui a eterna acusação da culpa é ainda muito mais cruel. O problema está no fato de que a pessoa magoada sente a necessidade de que o outro, que lhe feriu, reconheça o mal que lhe fez. Muitas vezes, o acusado procura se justificar, mas por esse caminho, o parceiro ferido jamais esquecerá a mágoa. Ele quer ter certeza de que o mal cometido foi percebido e admitido, e o ritual pode ajudar nisso. Por esse motivo, aquele que causou o mal deve dizer no ritual, segundo Jellouschek: "Eu percebi em que magoei você. Admito que magoei você com isso, ainda que eu não tenha feito propositadamente. Eu sinto muito que tenha machucado você desse modo. Por favor, perdoe-me!" (JELLOUSCHEK, p. 166).

O ritual de reconciliação é importante para que um casal possa sempre recomeçar. A reconciliação os liberta da carga do passado. Ela purifica a atmosfera, para que as duas pessoas possam viver o aqui e o agora, sem a contaminação de mágoas passadas. Conheço casais que praticam cotidianamente pequenos rituais de reconciliação. Sempre que há algum mal-entendido entre eles, um deles acende a vela da união. Isso é, para eles, um sinal de que o outro está pronto para conversar e fazer as pazes. Ele não é forçado a falar sobre o conflito imediatamente. Pois, às vezes, a pessoa ainda está tão abalada, que uma conversa não ajudaria. Os dois apenas trocariam acusações sobre o que o outro fez de errado ou em que magoou. Antes é preciso baixar a poeira. O ato de acender da vela da união é, para o parceiro, um convite para que ele se tranquilize aos poucos, que deixe a raiva e o ressentimento e que se permita a aproximação. O que se pratica é um afetuoso convite, e não pressão.

Para os pequenos conflitos cotidianos bastaria o ritual de rezar à noite o Pai-nosso. Quando ambos pronunciam o pedido "perdoai as nossas ofensas, assim como nós perdoamos a quem nos tem ofendido", isso purifica a atmosfera. Não há, então, mais qualquer acerto de contas, não há mais o querer saber quem dentre os dois tem maior parcela de culpa. Também não é preciso falar da culpa, não é preciso esmiuçar outra vez o conflito. Com a oração feita em voz alta, a culpa é simplesmente deixada para trás, e, outra vez, um está de coração aberto ao outro. Os pequenos conflitos do dia são solucionados apenas por meio desse pedido feito em voz alta.

Rituais de reconciliação em um grupo ou em uma empresa

O ritual de reconciliação não é um substituto ao detalhado diálogo sobre o conflito, mas ele conclui um processo de reconciliação e o fortalece. Quando duas pessoas na empresa brigam e depois novamente se reconciliam através do diálogo, elas não devem logo virar as costas uma para a outra. Talvez possam se dar as mãos; talvez também se abracem, porque aquilo as obriga. Igualmente podem beber juntas uma taça de vinho, uma xícara de café ou de chá. É preciso haver um ritual que anuncie publicamente a reconciliação. Ao tomarem o vinho em comunhão, a reconciliação pode ser fortalecida, e um diálogo mais descontraído também se torna novamente possível.

Se um grupo conseguiu passar com êxito por um conflito difícil, é preciso que haja um ritual para anunciar publicamente a reconciliação. Não basta escrever um protocolo em que todos os funcionários assinem embaixo. Também se torna necessária a existência de rituais feitos abertamente. Conforme a situação do grupo, é possível pensar em um ritual absolutamente laico, como uma festa em que as pessoas se reúnem, ou simplesmente um brinde com uma taça de champanhe, em que as pessoas mutuamente se desejam coisas boas. Rituais de reconciliação absolutamente laicos são feitos com frequência na forma de coletivas de imprensa. As partes entram juntas em cena publicamente e anunciam diante da imprensa o resultado alcançado. Nesse caso, não há mais por que retomar o assunto. Em lugar disso, as pessoas ali presentes falam agora a mesma língua e só têm palavras amigas a dirigir umas às outras. Pois, se alcançaram um bom resultado, elas devem ser gratas a todos os participantes.

Quando um conflito acaba de ser solucionado dentro de uma empresa, todos podem, juntos, pendurar um quadro que celebre a reconciliação. Aqui seria adequado, por exemplo, um quadro com uma caricatura que represente de forma bem-humorada o acordo e as diferentes partes do conflito. Se não, podem ser adotados símbolos que abertamente representem a reconciliação: uma árvore da reconciliação, em cujos galhos os funcionários podem pendurar as suas observações sobre a solução encontrada, como um agradecimento, um pedido, ou palavras de esperança e confiança. Um símbolo de reconciliação como esse promove descontração, bem-estar e leveza ao conflito resolvido. A tensão das negociações, que por vezes deixa uma companhia inteira sem respirar, se dilui, e todos podem pendurar na árvore a sua contribuição para essa descontração.

Também é possível celebrar um ritual religioso. Isso vale, sobretudo e naturalmente, para os conflitos nas comunidades religiosas ou nas comunidades paroquiais, mas também pode ser possível em empresas abertas à espiritualidade. O grupo poderia se colocar em círculo, todos poderiam se dar as mãos e rezar juntos e em voz alta o Pai-nosso. A partir do momento em que todos pronunciarem juntos o pedido: "perdoai as nossas ofensas, assim como nós perdoamos a quem nos tem ofendido", não haverá mais culpa a ser atribuída a ninguém; ela será entregue por todos a Deus e, ao mesmo tempo, mediante esse ritual, terá sido consumado o perdão a todos, mutuamente.

Um tipo de ritual de reconciliação é o que se denomina confissão comunitária. As pessoas vão a uma igreja e lá se reúnem para um encontro. São lidos textos de reconciliação da Bíblia e os presentes cantam canções que os unem uns aos outros. E então é feito um exame de consciência em que cada um se pergunta de que modo ele contribuiu para aquela situação de conflito e de que modo ele vinha até então impedindo a solução dele. Todas as pessoas envolvidas no conflito entregam então para Deus a sua culpa, ao mesmo tempo e em união umas com as outras. E assim nenhum fará julgamento sobre o outro. No reconhecimento da culpa, todos os celebrantes tornam-se uma comunidade. Deus perdoa a todos naquilo em que fomos culpados. E assim, nenhuma culpa será apontada a ninguém. Depois de uma celebração como essa, todos se sentem internamente libertos e abertos para seguir o caminho junto com os outros. É possível encerrar a confissão comunitária fazendo com que todos, juntos, se deem as mãos. Depois pede-se que todos daquele círculo sejam abençoados por Deus, Ele que nos une e que faz com que sejamos uma bênção uns para os outros. E então, todos podem ser convidados a uma saudação de paz. Cada um se volta para o outro e lhe deseja a paz. Isso pode ser feito por meio de um aperto de mãos ou de um abraço. Também é possível, entretanto, realizar essa saudação de paz através de um ritual estabelecido previamente, que poderia se dar da seguinte forma: todos nós estendemos as mãos para Deus em forma de concha. Refletimos, então, sobre aquilo que Deus colocou em nossas mãos, onde essas mãos atuaram até agora de forma benéfica, e onde elas, por outro lado, desestimularam e foram um entrave em alguma questão. Nós entregamos tudo o que fizemos com as nossas mãos para a misericórdia de Deus, que nos envolve e nos carrega com suas boas mãos. Pode-se então finalizar esse gesto com todos rezando juntos o *Kyrie eleison*.

Outro ritual seria: nós olhamos para as nossas mãos abertas. Então eu sigo com as minhas mãos abertas em direção ao outro e faço diante de suas mãos abertas o sinal da cruz, pedindo, por exemplo, da seguinte maneira: "Deus abençoe as suas mãos, para que delas emane a bênção, de modo que tudo o que você pegar seja uma bênção a você e a todas as pessoas". E o outro então faz o mesmo sinal diante de minhas mãos e expressa o seu desejo pessoal de bênção. E assim podemos seguir com esse ritual diante de cada membro daquele grupo. A bênção irá dissolver novamente, e de um modo mais profundo, todos os conflitos que foram solucionados em diálogo e nos unirá mutuamente na bênção de Deus.

Conclusão

Os conflitos marcam a nossa condição de ser humano. Se não houvesse conflitos também não haveria progresso. Mas também há os conflitos que paralisam, que dispendem muita energia e que espalham um estado de espírito negativo dentro de um grupo. Há pessoas que sofrem tanto com isso, que chegam a ficar doentes. Não conseguem mais estar com o grupo; sentem-se dilaceradas por dentro. Por isso, é de extrema importância que encontremos caminhos para solucionar conflitos e superá-los, de modo que eles nos conduzam unidos para frente.

Seremos capazes de solucionar os conflitos unicamente se os admitirmos para nós mesmos, e se nos dirigirmos às discussões sempre com a esperança de que o conflito poderá ser resolvido, e que essa situação também poderá ser convertida em bênção. A Bíblia nos mostra muitos caminhos possíveis de se lidar com divergências e situações difíceis. Mas só conseguimos reconhecer as orientações benéficas da Bíblia quando a lemos de um modo consciente e sobre o pano de fundo de nossos próprios conflitos. E, nesse caso, pode ajudar muito se associarmos suas palavras aos conhecimentos da psicologia. Só então poderemos ver com verdadeira clareza a sabedoria da Bíblia e perceber que ela nos aponta caminhos benéficos, e que somos capazes de segui-los, mesmo hoje, para resolver os conflitos de um modo humano e ao mesmo tempo espiritualizado.

A Bíblia nos pede primeiramente que voltemos os olhos para os conflitos que residem em nossa alma e que cada um de nós, então, faça as pazes e entre em harmonia consigo mesmo. Depois, devemos voltar os olhos para os conflitos que temos com as outras pessoas. O conflito me revela alguma coisa sobre a minha própria alma e sobre a alma do outro. Conflitos nos conduzem a um autoconhecimento maior e a um melhor conhecimento da alma humana como um todo. Se eu soluciono dessa forma os conflitos no casamento, é perfeitamente possível que eles deem vida ao casamento. Por meio dos conflitos a relação pode crescer, amadurecer e se tornar mais viva.

Também a solução de conflitos dentro de um grupo só pode dar certo se nós refletirmos sobre os conflitos de nossa própria alma e se nos dermos conta dos mecanismos de projeção pelos quais nós, muitas vezes, vemos nossos problemas nos outros. A solução de conflitos – assim diz a Bíblia – exige de nós honestidade conosco mesmos, humildade (enquanto coragem de aceitar a própria humanidade e fragilidade) e a fé na boa essência do outro. Só então podemos nos aproximar uns dos outros numa situação de conflito e buscar novas soluções. Junto a isso, soma-se a vontade de enfrentar o conflito, não apenas para confrontá-lo, mas sim, também para solucioná-lo. Aquele que na discussão do conflito tem apenas o firme propósito de impor a sua própria posição impede uma solução adequada. Para a concreta solução do conflito, no entanto, além de um posicionamento pacífico, humilde e de uma porção de esperança, faz-se necessário igualmente um bom instrumento metódico de trabalho. Hoje em dia existe a formação profissional para moderador e mediador. Nela se aprende como conduzir conversações complicadas e como se pode contribuir para que as partes em um conflito se aproximem uma da outra. Os conhecimentos da atual psicologia da comunicação também são importantes justamente para aqueles que acreditam que mediante uma atitude cristã podem resolver sozinhos todos os conflitos.

Assim, eu desejo que você, querida leitora, querido leitor, encontre um bom caminho para os conflitos nos quais estiver envolvido – sejam conflitos internos com você mesmo, seja com outra pessoa ou com um grupo. O trabalho na solução dos conflitos irá colaborar para que você cresça pessoalmente e se torne mais maduro, que você descubra o potencial de sua alma e que se desfaça o medo de conflitos que talvez o aflija desde a sua infância. Também lhe desejo que, através da solução dos conflitos, você se torne uma bênção para todas as partes envolvidas, e que, dessa forma, colabore para a paz no seu entorno, para uma paz que possa se tornar a levedura da reconciliação para o mundo todo.

Referências

GRÜN, A. *Vergib dir selbst*. Münsterschwarzach, 1999.

JELLOUSCHEK, H. *Warum hast du mir das angetan?* – Untreue als Chance. Munique, 1997.

JUNG, C.G. *Gesammelte Werke*. Vol. 11. Zurique, 1963.

KELLNER, H. *Lass dich nicht auf die Palme bringen!* – Konflikte positiv lösen. Munique, 1997.

KOCH, B.T. *Hinter jedem Konflikt steckt ein Traum, der sich entfalten Will*. Munique, 2008.

NITZSCHE, I. *Erfolgreich durch Konflikte* – Wie Frauen im Job Krisen managen. Hamburgo, 2001.

ORAISON, M. *Mit Konflikten leben*. Friburgo, 1973.

SCHENKER, A. *Versöhnung und Sühne* – Wege gewaltfreier konfliktlösung im Alten Testament; Mit einem Ausblick auf das Neue Testament. Friburgo/Schweiz, 1981.

WACHINGER, L. *In Konflikten nicht verstummen* – Wie Paare wieder redden lernen. Düsseldorf, 1993.

Conecte-se conosco:

f facebook.com/editoravozes

⊙ @editoravozes

X @editora_vozes

▶ youtube.com/editoravozes

☏ +55 24 2233-9033

www.vozes.com.br

Conheça nossas lojas:
www.livrariavozes.com.br

Belo Horizonte – Brasília – Campinas – Cuiabá – Curitiba
Fortaleza – Juiz de Fora – Petrópolis – Recife – São Paulo

  Vozes de Bolso

EDITORA VOZES LTDA.
Rua Frei Luís, 100 – Centro – Cep 25689-900 – Petrópolis, RJ
Tel.: (24) 2233-9000 – E-mail: vendas@vozes.com.br